Anna-Maria Bauer

Lesereise Cornwall & Devon

Anna-Maria Bauer

Lesereise Cornwall & Devon

Zerklüftete Küsten und vergessene Moore

Picus Verlag Wien

Grafische Gestaltung: Dorothea Löcker, Wien
Umschlagabbildung: © Helen Hotson / Shutterstock
Druck und Verarbeitung:
EuroPB, s.r.o., Tschechische Republik
ISBN 978-3-7117-1121-2

Informationen über das aktuelle Programm
des Picus Verlags und Veranstaltungen unter
www.picus.at

Inhalt

Vom Immer-Meer-Wollen

Wer an der Küste lebt, entkommt dem Sog des Meeres nicht. Unweigerlich wird man angezogen von den ewigen Wellen, die einen an einem Ort sanft schwappend einlullen, anderswo kraftvoll rauschend antreiben oder laut tosend schäumend aufrühren. Mal bietet sich beim Besuch der Küste kristallklares Wasser und darunter feinster Sandstrand, in den man die Zehen vergraben und an dem man die Zeit vergessen kann. Mal stakst man seltsam gestikulierend über dicke Kieselsteine, die sich mit Vorliebe in die weichste Stelle der Sohle bohren. An einem Tag findet man eine nach Osten gewandte Bucht, so geschützt vor Wind und Wetter, dass man nach wenigen Minuten den kühlenden Schatten aufsucht. Tags darauf erreicht man ausgesetzte Klippen, über die der Wind peitscht, sodass einem trotz des aufgestellten Kragens die Gänsehaut über den Körper läuft. Und dann gibt es noch diesen Moment der Enttäuschung, wenn man das Meer aufsucht, es aber verschwunden ist, vorübergehend ausgelaufen. Denn natürlich hat man zuvor davon abgesehen, sich nach Ebbe und Flut zu richten, und wundert sich nun über den dargebotenen Meeresboden, der anstelle des frischen Wassers geriffelten Sand, kleine Pfützen und glitschige Algen präsentiert.

Diese Reise handelt von Besuchen zu all diesen Buchten, Küsten und Stränden in Devon und Cornwall und von manchen Erkundungen ein wenig weiter im Landesinneren der beiden Grafschaften. Doch selbst wenn man das weite Wasser einmal nicht sehen sollte, so ist doch der Alltag, das Leben, die Kultur dieser Ortschaften vom Rhythmus des Meeres bestimmt und man fügt sich beim Entdecken ganz von selbst in den Takt der Gezeiten. Ohne dass es einem so richtig bewusst ist, wird man dabei auch ein wenig langsamer, in diesen Regionen fernab der hektischen Großstädte Großbritanniens. Man verweilt ein wenig länger bei der Tasse Tee und vergisst beim Blick in die Weite die Zeit. Denn sie haben etwas Einzigartiges, diese zwei südwestlichsten Grafschaften mit ihren rollenden Hügeln und endlosen Moorlandschaften, den großzügigen Gärten und abgelegenen Küstenabschnitten. Diese zwei Regionen, die trotz ihrer Unterschiede – das liebliche Devon im Kontrast zum rauen Cornwall – neben ihrer Fülle an Mythen und Schmuggleranekdoten noch eines eint: ihre Anziehungskraft.

Seit meinem Umzug nach Southampton vor drei Jahren habe ich bei meinen Wochenendtrips stets nach Westen geschielt, an diesen Zipfel Englands, der in den Atlantik baumelt, weitestmöglich vom europäischen Festland entfernt und doch größtmögliche Faszination auslösend. Eine Faszination, der ich für dieses Buch gerne nachgegeben habe. Denn wie bemerkte nicht schon Oscar Wilde, der übrigens auch drei Monate in Torquay, Devon, gelebt hat: »Der einzige Weg, eine Versuchung loszuwerden, ist, ihr nachzugeben. Widersteht man ihr, so wird die Seele krank vor Sehnsucht nach dem, was sie sich selbst verboten hat, vor Verlangen nach dem, was ihre monströsen Gesetze monströs und ungesetzlich gemacht haben.«

Gibt es eine schönere Ausrede, sich ins nächste Reiseabenteuer zu werfen?

Land der Kontraste

Von den abenteuerlichen Passagen Exeters in den weiten Südwesten

Man muss wissen, was man sucht. Obwohl ich mir zuvor genau angesehen hatte, wo sie sich befindet, zieht der suchende Blick auf der High Street nun so schnell an der kleinen Öffnung zwischen den Häusermauern vorbei, dass ich mich zweimal im Kreis drehen musste, bis ich – ha! – den Spalt zwischen Patisserie Valerie und Bäckerei Greggs auf der Hauptstraße ausmachen kann. Ich trete zwischen die zwei Häuserfronten und kann meine abgewinkelten Arme nur ein paar Zentimeter anheben, dann kratzen die Ellbogen bereits am rauen Stein, an den wettergegerbten Mauerziegeln auf beiden Seiten. Ganz schön eng, hier in der Parliament Street, der engsten Gasse Großbritanniens, die an ihrer schmalsten Stelle bloß dreiundsechzig Zentimeter misst und einst als Small Lane bekannt war. Bis ein Stadtrat im 19. Jahrhundert angeblich seinen Unmut über das Inkrafttreten eines parlamentarischen Gesetzes zum Ausdruck bringen wollte, in dem (wie konnte es das Parlament wagen!) das Wahlrecht der Bürger gestärkt wurde.

Ganz schön eng, das ist aber doch auch typisch englisch. Und noch viel mehr: typisch für den englischen Südwesten. Wie oft werde ich auf dieser Reise innerlich fluchen, wenn ich den Koffer über die schmale Teppichtreppe in den oberen Stock des charmanten, aber platzsparenden *B & B-Cottage* hieve. Werde bei den Autofahrten immer wieder den Hals so weit wie möglich nach vorne strecken, um ein bisschen mehr von der kurvigen Landstraße erhaschen zu können, weil die Hecken direkt an den Asphaltrand gerückt sind. Werde manchmal, wenn ich in einer ganz engen Kurve stecke, sicherheitshalber hupen oder das Licht betätigen, um etwaige Entgegenkommende zu warnen. Muss mich mitunter seitwärts drehen, um voranzukommen, in engen Räumen, kleinen Booten, auf steilen Treppen oder in schmalen Durchgängen, wie in jenen hier in Exeter.

Und so beginnt unsere Entdeckungstour in der Hauptstadt Devons, die für so viele Reisende Eintrittstor in den englischen Südwesten ist. Wer mit dem Zug fährt, kommt meist hier an; wer mit dem Auto anreist, wählt diese Stadt oft für einen ersten Zwischenstopp; eine kurze Verschnaufpause in dieser antiken, lebhaften Stadt, die Sinnbild für vieles ist, auf das wir stoßen werden. Die rauen Wände um mich, die steil in den Himmel ragen, erinnern an die mystischen, monolithischen Gesteinsformationen, die einem in der unberührten Landschaft Cornwalls begegnen. Und an die Skulpturen der britischen Künstlerin Barbara Hepworth, auf die wir in St. Ives stoßen werden. Ich lege den Kopf in den Nacken und kann am Ende der hohen Backsteinwände einen dünnen Streifen grauen Himmels ausmachen – wie durch einen Schmugglertunnel. Geschützt oder eingesperrt? Und auf dem Weg zurück zur High Street bleibe ich einen Moment lang in der dunklen Straßenöffnung stehen, beobachte das Treiben der Einkaufsstraße, ohne bemerkt zu werden. Sehe den Vater, der den bunten Rucksack seiner Tochter schultert; die Frau, die energisch telefonierend aus dem Einkaufszentrum tritt; die lachende Teenagergruppe. Welche Geheimnisse kann man auf diesem Weg erkennen, beim Herausspähen, Beobachten, Wahrnehmen; welche Ideen stibitzen? Denn ewige Streitereien zwischen Devon und Cornwall gibt es so einige. Wer hat die berühmte *Cornish pasty* eigentlich erfunden? Und wie gehört der *cream tea* richtig serviert: mit *clotted cream* oder mit Erdbeermarmelade zuerst? Doch noch ist es nicht Zeit für diese Antworten, sondern für die Frage: Wo geht es hier denn zum *quay*?

Wir treten also aus der Parliament Street, biegen rechts auf die High Street ab, die dann zur Fore Street wird, und folgen links der West Street bergab. Auf halber Höhe fällt der Blick auf ein robustes Tudor House mit schwarzen Holzbalken, dessen Obergeschosse gefährlich über die Straße ragen und das zwischen den verputzten anderen Häusern ein bisschen fehl am Platz wirkt – weil es das tatsächlich ist. Das Merchant House wurde nicht für diese Straße gebaut. Es stand ursprünglich ein paar Dutzend Meter weiter an der Edmund Street und ist im Dezember 1961 als komplettes Haus verlegt worden. Damals hätte das Haus abgerissen werden sollen, um Platz für eine Umgehungsstraße von der Brücke über den Fluss Exe zu schaffen. Doch nach heftigem Kampf mit der Stadtverwaltung gelang es Aktivisten, das Haus zu retten – indem sie es umsiedelten. Ein Unterfangen, das von zahlreichen Reportern und Schaulustigen verfolgt wurde. Bis auf den Rahmen wurde das Fachwerkhaus dafür entkernt und auf Metallräder gestellt. Die Fenster wurden zur Sicherheit herausgenommen, und damit beim Transport nichts verrutschen konnte, wurde das Haus in ein Holzgerüst gepackt. Sechs Tage dauerte es dann, bis das Haus siebenundsechzig Meter weiter an seiner neuen Adresse in der West Street ankam.

Heute schneidert Emma Healey im Erdgeschoss Brautkleider und betreibt damit ein passendes Geschäft in dem ikonischen Haus einer Stadt, die durch den Wollhandel kurzzeitig zur vielleicht reichsten und angesehensten Stadt Englands wurde. Denn Schafe finden in den sanften Hügeln und weiten Ebenen des Südwestens ideale Bedingungen und ihre Wolle wurde im 16. und im 18. Jahrhundert von Exeter in die Welt gebracht. Hektisch muss es damals zugegangen sein an dem *quay*, den wir über Lower Coombe Street erreicht haben. Lastkähne und Seeschiffe wurden hier mit den Wollprodukten beladen, um sie nach Frankreich oder Spanien zu schiffen. An dem milden Frühlingstag, an dem wir die Stadt besuchen, ist es ruhig. Touristen inspizieren die kleinen Verkaufsstände und wir genehmigen uns im Mango's einen Cappuccino, setzen uns an das *Quay*-Ufer und lassen die Beine schlenkern. Der Asphalt ist von der Sonne bereits so gewärmt, dass man sich kurz zurücklegen und den Wolken beim Ziehen zusehen kann.

Doch zu lange können wir hier nicht verweilen: Wir haben noch einen Termin. Über die South Street geht es also wieder bergauf, bis wir zu einem der eindrucksvollsten Kirchenhäuser Europas kommen.

Exeter Cathedral zählt mit vierhunderttausend jährlichen Besucherinnen und Besuchern zu den drei bestbesuchten Attraktionen im englischen Westen. Eindrucksvoll sticht sie am Cathedral Green in den Himmel und heißt einen beim Betreten mit eindrucksvoller Weite willkommen. Unbedingt sollte man beim Besuch nach oben sehen: Das gerippte Steingewölbe aus dem 14. Jahrhundert sieht aus wie eine Allee aus Palmzweigen. Aber noch eine andere Meisterleistung hat die Kathedrale initiiert; eine in entgegengesetzter Richtung. Bereits im Mittelalter wurde mit dem vielleicht ausgeklügeltsten Wassersystem des Landes sauberes Trinkwasser von St. Sidwell außerhalb der Stadtmauer nach Exeter geholt. Und um undichte Stellen an den Bleirohren (damals wusste man noch nicht, dass diese gesundheitliche Schäden verursachen könnten) einfach beheben zu können, wurden die Rohre in schmale Tunnel gelegt. Diese Untergrundpassagen sind heute die einzigen Passagen in ganz Großbritannien, die für Besucherinnen und Besucher offen sind und die wir nun erkunden werden.

»*Right*«, sagt Gruppenleiterin Gail Smith, die achtzig Jahre alt ist, früher Historikerin war und heute mehrmals die Woche Gruppen durch die Passagen führt. »Jacken in die Spinde und Helme auf.« Es riecht modrig, warm, aber nicht stickig, als ich Gail in den viel zu schmalen Gang folge. Sie hat uns vorgewarnt, dass der Anfang am schwierigsten ist. Und tatsächlich: Es wird immer enger, die Wände scheinen ja nicht nur auf uns zuzukommen, sie tun es tatsächlich. Wir müssen den Kopf einziehen und uns, als Gail uns ein paar Informationen gibt, mit dem Rücken gegen die Mauer lehnen. Zwei jüngere Teilnehmerinnen verabschieden sich an dieser Stelle wieder; ihnen ist es zu eng. Meine Hände sind auch leicht zittrig, aber die Neugier siegt. Wir stapfen weiter, der Boden wird schlammig und dann öffnet sich der Gang seitlich sowie nach oben; wir sind in einem moderneren Abschnitt angekommen, direkt unter der Hauptstraße. Merkwürdig, sich vorzustellen, dass über unsere Köpfe hinweggehetzt wird. Gail führt uns weiter an jene Stelle, über der einst der Great Conduit Pavillon stand, an dem sich die Bevölkerung Frischwasser holen konnte und an dem große Neuigkeiten wie etwa ein neuer König ausgerufen wurden.

Auf dem Rückweg ende ich als Letzte in der Gruppe. Das Herz hämmert heftiger. Wie war das noch einmal mit den Ratten, die hier leben? Und wie müssen sich erst Minenarbeiter gefühlt haben, die nicht nur für eine halbe Stunde, sondern den ganzen Arbeitstag unter Tage verbrachten? Oder jene Menschen, die während des Zweiten Weltkriegs die Gänge als Luftschutzbunker nützten? Es ist beklemmend genug, ohne dass die Wände vibrieren. Ich lasse mein Ausatmen länger als mein Einatmen werden. Die Ankündigung, dass wir wieder zurück sind, kommt mit der Welle der Erleichterung, die jene Abenteuer begleitet, die ein wenig zu aufregend, aber doch bereichernd waren und an die man sich genau deswegen lang erinnern wird.

Als wir aus der Passage und damit heraus aus der Stille und Abgeschiedenheit des Untergrunds treten, landen wir wieder im geschäftigen Stadtzentrum. Das grelle Licht mischt sich mit Gelächter, Rufen und Stimmengewirr. Der Duft des Mittagsmarkts lockt die geschäftige Hauptstraße hinab. Beim Schlendern durch die High Street komme ich noch einmal an der Stelle vorbei, an der die Parliament Street abzweigt. Diesmal sehe ich den schmalen Durchgang sofort.

Ein Strand für die Ewigkeit

An der Jurassic Coast auf der Suche nach unseren Vorfahren

Nichts, schrieb der britische Naturforscher Charles Darwin 1843 in einem Brief an seine Schwester Catherine, gehe über die Geologie. Ja selbst das Vergnügen am ersten Tag einer Rebhuhnjagd könne da nicht mithalten.

Der Rebhuhnjagd kann die britische Naturforscherin Tessa Stone knapp zweihundert Jahre später zwar nichts abgewinnen, doch Darwins Empfinden für die Magie der Erde, die teilt sie dennoch. Ihre Augen glitzern wie die weißen Schaumkronen auf den Wellen neben uns, als wir an diesem kühlen Frühlingsmorgen über den Strand stapfen. »Was man hier zum Beispiel ganz oft findet«, sagt sie, verlangsamt ihren Schritt kaum und greift im Gehen nach einem kleinen Kieselstein, »sind diese Hexensteine.« Sie präsentiert den glatt gewaschenen Stein mit Loch in der Mitte. »Reisende haben sie früher als Glücksbringer gesammelt und Kapitäne gerne an ihr Boot gehängt.« Sie lächelt. »Man hat geglaubt, dass der Stein bricht, bevor es das Boot tut.« Wir stapfen weiter. Die Kieselsteine, manche von ihnen mit Loch, knirschen unter den Schuhen und mit jedem Schritt sinken wir ein wenig ein, sodass es nur langsam vorangeht. Aber das ist ohnehin wichtig, wenn man nichts übersehen möchte.

Denn wir suchen hier am Strand von Beer etwas ganz Bestimmtes.

Beer ist unser dritter Küstenstopp im östlichen Devon. Von Exeter sind wir dafür zunächst der Landstraße so lange südöstlich gefolgt, bis sie in Budleigh Salterton an den Strand führte. Die imposanten Häuser in diesem Ort mit ihren verschnörkelten Veranden, aber abblätternden Fassaden erzählen vom Ruhm längst vergangener Sommer, als sich während der Regency Ära im 19. Jahrhundert die Wohlhabenden der Gesellschaft zu Golf, *croquet* und Fischen einfanden, sich von der Bademaschine (einer hölzernen Badekabine auf Rädern) ins Wasser tragen und den *afternoon tea* an die Liegestühle am Strand liefern ließen.

Das Meer empfing uns in Budleigh Salterton milchgrau und spiegelglatt. Doch die größere Attraktion war hier ohnehin der Landstrich davor. Wir folgten der Strandpromenade nach rechts, bis nach wenigen Minuten die Erde kräftig anhob, die Häuser in den Hintergrund rückten und sich die Klippen rostrot vor uns auftürmten. Die Farbe zeugt von den eisenhaltigen Mineralien, die sich in den Felsen befinden und im Laufe der Jahre oxidiert sind. Im Laufe der – sollte ich korrekterweise ergänzen – zweihundertfünfzig Millionen Jahre. Denn diese Küste ist Teil Englands erster Weltnaturerbestätte: der Jurassic Coast. (Auch wenn sich dieser Strand streng genommen nicht im Jura, sondern in der noch älteren Trias gebildet hat; die Strände werden jünger, je weiter man nach Osten fährt.)

Wenn man den Kopf in den Nacken legt, kann man im roten Hang rote, rosafarbene und graue runde Steine ausmachen, die in der Felswand zu stecken scheinen. Sie bildeten einst den Kiesboden eines riesigen Flusses. Die andere Hälfte liegt heute unter jüngeren Steinen im Ärmelkanal oder vielleicht sogar in der französischen Bretagne. Und obwohl die bunten, antiken Flusssteine faszinieren, suchten wir doch etwas anderes. Etwas, für das manche Sammler ihre Wohnung in London aufgeben, um sich ganz der Suche zu verschreiben, und die, wie es Charles Darwin im Brief an seine Schwester noch festhielt, »ihre Geschichte von früheren Zeiten mit fast lebendiger Zunge erzählen«: Fossile. Doch im roten Gestein von Budleigh Salterton konnten wir auch nach häufigem Auf-und-ab-Gehen nichts ausmachen – und zogen weiter.

Zwanzig Autominuten östlich waren dann nicht nur die wuchtigen Klippen, sondern auch das Meer rötlich gefärbt. In Sidmouth findet man nämlich nicht nur roten Kies-, sondern auch Sandstrand, der seine rote Farbe ins Wasser trägt. Sollten wir hier mehr Glück haben? Zunächst hatten wir aber Hunger und stiegen die Peak Hill Road bergauf, bis wir links die Connaught Gardens entdeckten und in deren hinterem Eck, direkt in der Steinmauer und direkt am Klippenrand, den Clock Tower fanden. Ein Kaffeehaus, das einst Kalkbrennofen war und hoch über dem Meer thront. Zur Kanne Tee gab es Pistazienkuchen und die ernüchternde Erkenntnis, dass keiner der Kellner an dem Strand schon einmal ein Fossil gefunden hatte. Allerdings, räumten sie ein, hatten sie auch nie so wirklich danach gesucht. Wir versuchten also dennoch unser Glück und stiegen nach der Jause mit neuer Energie die hölzerne, weiß gestrichene Jakobsleiter zum Strand hinab. Doch bald sahen wir vor lauter Steinen den Strand nicht mehr und hatten immer noch kein Indiz auf ein Fossil. Die aufziehende Dämmerung erschwerte die Suche und wir gaben vorerst auf.

Die niedrigen Steinhäuser von Beer schmiegten sich tags darauf in ein sanftes Tal, das am Meer endet. Auf der Schräge hinab zum Strand hüpften drei Kinder mit quietschgelben Plastikkübeln um ihre Eltern. Als sie zielstrebig eine Stelle unter den Klippen ansteuerten, machte das Hoffnung. Doch die Mutter schüttelte entschuldigend den Kopf: Sie seien zum ersten Mal hier. Na ja, dachte ich, die seichte Bucht in Pastellfarben ist aber auch ohne Fossile erkundenswert. So toll sind Fossile ja auch wirklich ni… – »Oh hallo«, die sanften Augen eines Mischlingshunds blickten auf mich und dann, bittend, auf ein Stück Treibholz, das er neben meinem rechten Fuß abgelegt hatte.

Der Mischlingshund, stellte sich heraus, nachdem ich zwei-, dreimal den Stock geworfen hatte und der Hund jedes Mal damit zurückkam, hieß Daisy und gehörte zu Naturforscherin Tessa Stone. Stone betreut seit fünf Jahren das Permakultur-Projekt »Stoney Orchard« nur ein paar Kilometer landeinwärts, kennt diese Region seit Jahrzehnten und pilgert nun mit uns zu jener Stelle, an der die weißen Kalksteine liegen, in denen sich die Fossile gerne verstecken. »Hier, solche zum Beispiel.« Die Regel für Fossilforscher, erfahren wir dann: Man darf Steine erkunden, sogar mit Hammer und Meißel spalten, jedoch weder den Untergrund noch die Klippen bearbeiten. Und ist es erlaubt, frage ich vorsichtig, Fossile mitzunehmen? Tessa lacht. »Aber ja, sonst werden sie ins Meer gespült und sind verloren.« Doch die Brocken, die wir auseinanderbrechen, geben ohnehin nichts frei außer gleichfarbigem Gestein. Die anfängliche Aufregung ebbt ab. Enttäuscht will ich aufgeben. Einen letzten Brocken nehme ich noch in die Hand. Ich will ihn schon zur Seite legen, doch da, ganz, ganz fein, ist etwas zu erkennen. Halbrund, strukturiert, wie eine eingefrorene Litschi. Mit der Fingerkuppe fahre ich sanft über die Form und spüre eine minimale Erhebung. Es ist nur ein Teil, vielleicht ein Abdruck, nichts, das ich einem Sammler verkaufen könnte oder mitnehmen würde. Und doch, da ist ein Fossil eines Stacheligels. Eine Millionen Jahre alte Erinnerung. Tessas Augen glitzern: »Ist sie nicht wunderbar, die Natur?«

Im Bann der Elemente

Von steilen Bahnen einer Zwillingsstadt und fahlen Steinen am Klippenrand Exmoors

Die Glocke schrillt und im nächsten Moment schießt Wasser aus dem Boden unter uns. Als das Rauschen abebbt, ertönt die Glocke ein weiteres Mal, wir spüren einen Zug – und dann setzt sich das kleine dunkelgrüne Wägelchen in Bewegung. Puffend rattert es die Steigung hinauf und man kommt nicht umhin, den Vergleich mit einer surrealen Konstruktion aus einem Wes-Anderson-Film zu ziehen. Aber dann trifft man selten auf eine komplett wasserbetriebene Standseilbahn. Um exakt zu sein: weltweit nur dreimal. Doch keines der anderen beiden Exemplare – weder der Elevador do Bom Jesus in Portugal noch die Standseilbahn Neuveville-St. Pierre in der Schweiz – ist so hoch und so steil wie die Cliff Railway in Devon, die ihre fünf Passagiere mit der Kraft des West Lyn Flusses vom Küstenort Lynmouth in die Zwillingsklippenstadt Lynton befördert.

Zwei Jahre lang wurde in den 1880ern gegraben und mit Dynamit gesprengt, bis am Ostermontag 1890 die Cliff Railway eröffnet wurde. Seitdem befördert sie von Februar bis November sieben Tage die Woche bis zu zweitausendfünfhundert Passagiere am Tag, erzählt der Bahnfahrer, während er das Messingrad dreht, um den Wasserfluss zu kontrollieren. Mit rund vierhunderttausend Benutzern im Jahr zähle die Bahn zu den Top drei der begehrtesten Touristenattraktionen von Devon und Cornwall. In seiner Stimme schwingt ein wenig Stolz mit. Das Wasser für die Standseilbahn, erzählt er weiter, werde vom West Lyn abgezweigt; und nach verrichteter Arbeit ins Meer weitergeleitet, in dem auch der Fluss natürlich endet. Kein Energieaufwand, keine zusätzlichen Ressourcen. Während er sein Wissen teilt, wächst mit jedem Meter, den uns die Klippenbahn nach oben fährt, der Ausblick. Wir sehen durch die Graswände beider Seiten die sanfte Lynmouth Bay, die steil anwachsende, bewachsene Küste und dann das Meer, das sich hier in den Horizont streckt, bis man theoretisch auf das walisische Swansea treffen würde.

Von der südöstlichen Jurassic Coast sind wir für unsere dritte Erkundung ans andere Ende der Grafschaft gefahren: in den Nordosten zu den Ausläufern des Exmoor Nationalparks. Und weil es sich dabei um eine der schönsten Wanderregionen des Landes handelt, suchen wir hier den vielleicht beeindruckendsten Klippenspaziergang des Südwestens auf. Doch zuvor ging es bergab. Nachdem wir bei Barbrook von der schnellen A39 auf die kleine, rumpelnde Landstraße eingebogen waren und den autotechnisch abenteuerlichen Lynmouth Hill erreicht hatten: »*Try your brakes*«, »*Keep in low gear*« und »*Escape Lane in 65 yards*« machten gleich drei Warnschilder am Straßenrand auf die herausfordernden Fahrbedingungen aufmerksam, bevor es mit zwanzig Prozent Straßengefälle auf Meeresniveau ging. Im Tal empfing uns ein Küstendorf mit niedlichen Häusern, die zwischen dichten Baumkronen hervorblinzelten, und bunten Segelschiffen, die ebbe-bedingt auf dem Meeresboden saßen.

»Der reizvollste Ort für einen Landschaftsmaler, den dieses Land zu bieten hat«, beschrieb es der Maler Thomas Gainsborough, der im 18. Jahrhundert seine Flitterwochen mit Ehefrau Margaret Burr hier verbrachte. Und er war nicht der einzige berühmte Gast. Auch der romantische Poet Percy Bysshe Shelley, Ehemann von »Frankenstein«-Autorin Mary Shelley, quartierte sich im Jahr 1812 drei Monate in dem Dorf ein; allerdings nicht für einen Liebesurlaub, sondern um an einem politischen Pamphlet, dem Langgedicht »Queen Mab«, zu arbeiten, in dem er das Leben von Plantagensklaven beschrieb, die »zum Klang der fleischfressenden« Peitsche schufteten, um »alles verpestenden Luxus und Reichtum« zu produzieren. Mit dem Gedicht leistete Shelley seinen Beitrag zum Zuckerboykott, den Sklaverei-Gegner William Fox 1791 mit seinem Anti-Zucker-Pamphlet begonnen hatte. Zucker, der von den Sklaven auf den britisch beherrschten Westindischen Inseln unter unmenschlichen Bedingungen angebaut wurde, schworen die Aktivisten und damit auch Percy und Mary Shelley dem Zucker ab. Und weil der typisch englische Schwarztee mit Milch und Zucker am besten schmeckte, begnügten sie sich fortan mit Grüntee. Tee ganz aufzugeben war für Shelley keine Option. Gerne scherzte der Künstler, der wegen seiner radikalen Politik und seines Pamphlets »Die Notwendigkeit des Atheismus« der Universität Oxford verwiesen worden war, dass er eigentlich »Théist« sei, also ein Anhänger des Tees.

Shelleys literarisches und politisches Vorbild Robert Southey – und damit kommen wir wieder zurück nach Devon – war es übrigens, der die steile, schroffe Küstenregion um Lynton wegen ihrer Ähnlichkeit zu den Alpen als die »kleine Schweiz« titulierte. Eine Bezeichnung, die heute noch verwendet wird. Doch so idyllisch die Szenerie auch anmutet: Die Kraft des Wassers hat hier ihre Narben hinterlassen. Im August 1952 fielen in Nord-Devon und dem benachbarten West-Sommerset insgesamt neunzig Millionen Tonnen Regen. In der Nacht vom 15. auf den 16. August spitzte sich die Lage zu. Am frühen Abend meldete die Polizei, dass die Straße zwischen Lynmouth und Simonsbath — ironischerweise an einem Ort namens Dry Bridges – unterspült und unpassierbar sei. Die Niederschläge ergossen sich in die vielen Nebenflüsse des East und West Lyn, und in der Folge stürzten Massen an Wasser, Gestein und Vegetation durch die engen Täler des Exmoors. Die Brücken, die den Fluss querten, brachen unter der Wucht der Wassermassen ein, und am späten Abend traf dann eine Wand aus Wasser und Geröll auf Lynmouth. »Wir mussten mitansehen«, wird Lynmouth-Bewohner Ken Oxenham im August 1952 von der *BBC* zitiert, »wie eine Reihe von Häusern im Blitzlichtgewitter (…) wie ein Kartenspiel zusammenfiel und vom Fluss mitgerissen wurde. Wir hörten die gequälten Schreie einiger Anwohner, die ich sehr gut kannte.« Vierunddreißig Menschen verloren in dieser Nacht ihr Leben; vierhundertzwanzig wurden obdachlos, hundert Häuser wurden zerstört oder beschädigt. Es ist bis heute der größte Verlust an Menschenleben durch ein Flusshochwasser in Großbritannien. Eine Miniaturlandschaft im Maßstab vierhundert zu eins erinnert im ersten Stock der Flood Memorial Hall in der Riverside Road daran, wie Lynmouth vor der Katastrophe aussah.

Ein paar Häuser weiter, und nur ein Haus von der Esplanade entfernt, befindet sich unser Quartier für die kommenden zwei Nächte. Das Gasthaus The Rising Sun ist sechshundert Jahre alt, bietet kaum einen Boden, der eben, kaum eine Mauer, die gerade ist, und ist genau deswegen so charmant. Beim Abendessen knistert das Kaminfeuer im dunklen, holzvertäfelten Speisesaal, der Lachs ist mit Gin beträufelt, der feine Seehecht aus der Region wird mit Meeresschaum und Safran-Kartoffeln, der Schokoladenkuchen mit Orangenschalen serviert und es reift die Erkenntnis, dass die englische Küche ihren schlechten Ruf nicht mehr verdient.

Mittlerweile ist die Sonne über der Rising Sun wieder aufgegangen und wir sind nicht mehr beim Abendessen, sondern auf dem Hang zwischen Lynmouth und Lynton auf dem Weg zur nächsten Erkundung. Am oberen Ende der Bahn nickt der Bahnführer zum Abschied und wir spazieren die gewundene Straße ins Zentrum von Lynton, vorbei am Gemeindehaus, das mit seinem Steinerker und Fachwerkgiebel einer Schweizer Burg ähnelt. In einem Alkoven ganz links erinnert eine steinerne Büste an George Newnes, jenen Verleger und Herausgeber, der nicht nur notwendige Gelder für die Standseilbahn lukrierte, sondern mit der Gründung seiner Magazine dem populären Journalismus in England den Weg ebnete. Im Oktober 1881 veröffentlichte er *Tit-Bits* (kleine interessante Information oder Leckerbissen), ein wöchentliches Magazin, aus dem später die *Daily Mail* und der *Daily Express* hervorgingen. Zehn Jahre später startete er wiederum *The Strand Magazine*, in dem Arthur Conan Doyle seine ersten Krimigeschichten über Sherlock Holmes publizieren konnte. Im gleichen Jahr ließ Newnes in Lynton ein Herrenhaus mit spektakulärer Aussicht errichten. Heute findet man an der Stelle von Hollerday House jedoch lediglich eine Informationstafel; das Haus brannte drei Jahre nach Newnes' Tod im Jahr 1913 ab. Die Umstände sind bis heute nicht geklärt.

Wir folgen der Lee Road, vorbei an der Touristeninformation und dem Spielzeugmuseum, und biegen rechts auf die Longmead ein, bis wir zu dem vielleicht malerischsten *cricket club* Englands kommen: ein perfekt getrimmtes Rechteck aus sattem Gras in einer kleinen Talmulde, hinter der sich die schroffen Felsen des Valley of Rocks, des Tals der Steine, theatralisch in den Himmel strecken. Diese – wie Robert Southey es einmal beschrieb – »Knochen und Skelette der Erde« sollen ihre Existenz einem früheren Seitenarm des East Lyn River verdanken, der sich seinen Weg durch die graue Materie grub. Der Wind bläst, als wir den Grasweg zwischen den buschigen Farnen zu den Klippen emporsteigen. Wir sind hier an jener Stelle, an der Beatles-Sänger Paul McCartney am Beginn seines Musikvideos zu »Once Upon a Long Ago« zu sehen ist.

Die kleinen schwarzen Kügelchen sind dann die ersten Anzeichen. Sie liegen auf den Steinen oder im Gras oder mitten auf dem Weg. Dazu verdichtet sich ein süßlich-scharfer Duft und nach einer engen Linkskurve steht sie plötzlich auf einem vorspringenden Felsen. Auf einem Podest, das waghalsig über die Klippen ragt. Die Monarchin der steinernen Savanne: eine Wildziege mit zotteligem Fell und gedrehten Hörnern. Als ich näher komme, hebt sie den Kopf und blickt mich mit ihren schwarzen Knopfaugen an, wachsam und ruhig.

Hinter ihr steigen ein halbes Dutzend Ziegen über Wurzeln und Steine. Völlig unbeeindruckt, dass es bei einem Fehltritt auf dem scharf abfallenden Hang zweihundertfünfundvierzig Meter senkrecht ins tosende Meer geht. Tritt für Tritt, stetig grasend, klettern sie weiter. Langsam, unaufgeregt. Und vielleicht liegt darin der Erfolg. Vielleicht ist der Hang alleine nicht die größte Gefahr, sondern die Hektik, die Unruhe der Angst, die einem zum falschen Schritt verleitet.

Bei der nächsten Abzweigung folge ich dem England Coast Path dann nicht weiter, sondern steige den kleinen Trampelpfad hinauf zu einem der gerölligen Gipfel. Bald werden die rauen Brocken so groß, dass ich mich mit den Armen hochziehen muss. Ich zwinge mich, wieder länger aus- als einzuatmen, stelle mir die Ziegen vor, die langsam, aber stetig vorankommen. Ich steige weiter, bis zu einem kleinen Plateau, auf dem sich wieder etwas Ziegenkot findet. Die Wildziegen waren also auch schon hier. Der böige Klippenwind bringt den Salzgeruch des Meerwassers, über mir kreist ein Raubvogel, vielleicht ein Steinadler. Ich verwurzle meine Beine, atme tief ein, halte mich am Stein fest.

Und dann hebe ich den Blick. Wachsam und ruhig.

Royales Rauschen

Clovellys malerische Steilvorlage für straffe Oberschenkel

Welch gewaltig einzigartiger und schöner Ort, sinniert Captain Jorgan am Beginn von Charles Dickens' Kurzgeschichte »A Message from the Sea«. Er muss den Kopf in den Nacken legen, um es ganz zu sehen, dieses Dorf, das steil an einer hohen Felswand gebaut ist. Und auf derselben steilen Piermauer wie der Kapitän sitzend kommt man nicht umhin, denselben Gedanken zu fassen: *What a mighty sing'lar and pretty place it is*. Doch weil ich, anders als der fiktive Kapitän 1860, nicht über die gewundene Nebenstraße ans Ufer kam – diese ist heutzutage Taxis oder dem Traktor vorbehalten –, sondern über die reguläre Hauptstraße, traf mich diese Erkenntnis schon etwas früher. In einer scharfen Linkskurve.

Dazu musste das Auto auf dem Parkplatz auf der Anhöhe abgestellt, das Besucherzentrum durchquert und der Eintritt beglichen werden. An dem gewundenen Pfad ging es vorbei an der Weide, auf der die Esel grasen, dem Mount Pleasant Park und den spitzen Giebeldächern der ersten Häuser. Bis man um jene Linkskurve biegt, die das Motiv freigibt, das einem von Postkarten und Fotos bekannt ist und in der Realität dann doch ganz anders wirkt: Dutzende weiß getünchte, jahrhundertealte Häuser fallen wie an einer Perlenkette in knubbeliger Manier den Steilhang hinab. Sie winden sich beiderseits entlang des steilen gepflasterten Weges, den außer Menschen und Hauskatzen nur die Zug-Esel benutzen. Aus den Vorgärten schwappen üppige Rosenbüsche, Flieder- oder Berberitzen-Stauden, Katzen rekeln sich im Sonnenschein und verhöhnen mit ihren mühelosen Sprüngen die Zweibeiner, die sich vorsichtig auf den teils glatt getretenen, teils kantigen Kopfsteinen hinauf- oder hinabwagen. Das ist Clovelly.

Auf der rechten Seite macht in weißer Schrift auf dunklem Holzschild das New Inn auf sich aufmerksam, das seit dem 17. Jahrhundert Gäste versorgt. Staunend steige ich den Hang hinunter, bis in den kesseligen Hafen, der an diesem Tag vom Lachen und Rufen der Sportfans vibriert. Denn wir besuchen den steilen Küstenort am Tag der jährlichen Ruderregatta, dem Spektakel zum Sommerende.

Vorbei an gestikulierenden Menschengruppen wagen wir uns auf der schmalen Piermauer bis ganz nach vorne, wo sich ein junges Mädchen in kuscheliger, wasserabweisender Outdoorjacke auf den Zehenspitzen gegen die steinerne Mauer lehnt. Ihre Augen sind leicht zusammengekniffen, ihr Blick geht konzentriert in die Ferne, aufs Wasser, in der schmale Ruderboote an der Startlinie Aufstellung nehmen. »*Go, dad!*«, ruft sie. Los, Papa! Und nun zieht sie ihre Mutter doch ein bisschen zurück, weil sie sich zu weit über die Mauer gebeugt hat, die senkrecht zumindest zehn Meter in die Tiefe fällt. Auf dem Wasser muss der Startschuss gefallen sein, denn die sechs Ruderboote setzen sich in Bewegung und die Mutter des Mädchens dreht sich zu uns: »Es sieht nicht danach aus, aber das Wasser ist heute heftig. Die Boote heben sich weit aus dem Wasser und klatschen dann auf die Wellen.« Ich nicke, frage nach, ob sie auch rudert, und schon sind wir in einer leichten Unterhaltung verwoben, die sich fortbewegt wie die Boote am Meer. Denn es ist – wie es der auktoriale Erzähler in Dickens' Kurzgeschichte akkurat bemerkt – vielen Engländern ein Ding der Unmöglichkeit, sich mit jemandem, der sich in Reichweite befindet, nicht in eine Unterhaltung zu begeben.

»Charles Dickens und seine Zeitgenossen«, verrät dann John Rous, als ich ihn beim Versorgungszelt auf der Piermauer treffe, »waren es übrigens, die Clovelly so berühmt gemacht haben.« Sie propagierten Ausflüge an die idyllische Westküste, an der klaren Meeresluft, die half, den Schmutz und Staub der Londoner Großstadt abzuschütteln. »Im frühen 20. Jahrhundert kamen sie in *caravans*, dem Pendant unserer heutigen Reisebusse.«

John Rous nimmt einen Schluck aus dem Pappbecher. In seinem weinroten Sportpulli und seinen Shorts sieht er aus wie einer der Teilnehmenden der Ruderregatta. Und er ist ja auch einer von ihnen: An drei Rennen hat er heute bereits teilgenommen. Und gewonnen? »Also einmal haben wir gedacht, wir sind Zweite.« Er macht eine kurze Pause. »Aber es hat sich herausgestellt, dass wir doch nur Vierte wurden.« Er lacht; ums Gewinnen sei es ihm aber ohnehin nicht gegangen. Er lässt den Blick über den Hafen schweifen, beobachtet, nimmt wahr. Denn Rous hat in dem Dorf noch eine andere Rolle inne:

Er ist Eigentümer und Verwalter des Landes. Denn Clovelly befindet sich in Privatbesitz.

Während es vor einigen Jahrhunderten für den Landadel nicht ungewöhnlich war, zum Herrenhaus auch das umliegende Dorf zu besitzen, gibt es heute nur mehr eine Handvoll derartiger Dörfer in Großbritannien: Die Ortschaft Tissington in Derbyshire ist seit fünfhundert Jahren im Familienbesitz der FitzHerberts. Der Familie Bulwer gehört wiederum Heydon in Norfolk. Und Linkenholt in Hampshire wurde vom schwedischen H&M-Milliardär Stefan Persson gekauft. Doch nur Clovelly war zudem einst im Besitz der ersten englischen Königin: Matilda von Flandern. Sie war, argumentieren manche Historikerinnen und Historiker, im 11. Jahrhundert mitverantwortlich dafür, dass ihr Ehemann, William der Eroberer, England einnehmen und gleichzeitig die Macht über die Normandie halten konnte. Vielleicht zum Dank machte ihr William das Dorf zum Geschenk. Seitdem war der Küstenort im Besitz von drei Familien: den Giffards, den Carys und – seit 1738 – den Hamlyns, deren Nachfahre John Rous ist.

Während das Clovelly der Hamlyns durch Dickens und seinen Zeitgenossen zu Berühmtheit kam, ist jedoch ein anderer Autor weitaus enger mit dem Ort verbunden. In der Nummer vierundachtzig der High Street findet man das frühere Wohnhaus und heutige Museum von Charles Kingsley, einem Cambridge-Universitätsprofessor und Sozialforscher, der die Arbeiterbewegung beeinflusste und später Seelsorger unter Königin Victoria wurde.

Er schrieb 1855 den Geschichtsroman »Westward

Ho!«, der im umliegenden Bideford spielt und über die Abenteuer des Engländers Amyas zur Zeit von Königin Elizabeth I. berichtet. Der Titel bezieht sich auf den traditionellen Zuruf der Bootstaxis auf der Themse, deren Fahrer »*Eastward ho!*« oder »*Westward ho!*« riefen, je nachdem, wohin sie unterwegs waren. Als zehn Jahre nach Kingsleys Veröffentlichung ein neues Küstendorf neben Clovelly gebaut wurde, erhielt es dem Roman zu Ehren den Namen »Westward Ho!« und ist heute das einzige Dorf mit Rufzeichen im Namen.

Kingsley war äußerst angetan von der Küstenlandschaft. »Plötzlich«, beschrieb er etwa einen Moment in Clovelly, »fiel ein heißer Sonnenstrahl auf die weißen Häuschen mit ihren grauen, dampfenden Dächern und den kleinen Fetzen des Gartenhofs und beleuchtete die Flügel der prächtigen Schmetterlinge, die aus dem Wald in den Garten flatterten.« Und obwohl dieser Satz vor rund hundertfünfzig Jahren verfasst wurde, könnte man ihn heute noch so schreiben. So wenig hat sich verändert. Doch was für Gäste schön aussieht, ist für John Rous eine Herausforderung. Immerhin gilt es, nicht nur die dreiundachtzig *cottages* aus dem 17. Jahrhundert mit sanften Renovierungen instand zu halten – sondern dies auf einem Steilhang zu bewerkstelligen, auf dem keine Autos erlaubt sind. »Es ist eine … spaßige Herausforderung.«

Autos sind in den Jahrhunderten nur ein-, zweimal das Kopfsteinpflaster heruntergekommen – »und dann«, ergänzt der Dorfbesitzer, »eher unfreiwillig«. Eine beabsichtigte Durchfahrt gab es aber doch, erfährt man in einem Zeitungsausschnitt im

Dorfmuseum: Am 20. August 1920 hatten sich, berichtete der *Hartland Chronicle*, Hunderte Schaulustige entlang der steilen Hauptstraße eingefunden; viele von ihnen waren skeptisch. Ein Auto sollte zum Hafen – und retour. Mit dicken Seilen um jedes der Antriebsräder und Anti-Rückstoß-Gurte um die Karosserie fand es sich am Beginn des Dorfes ein. Doch die Seile, an denen der Wagen auf Wunsch zurückgehalten werden konnte, waren ein völlig unnötiges Zugeständnis, wurde im Artikel kommentiert. Komplett ohne äußere Hilfe gelangte das Gefährt zum Hafen. Dort drehte es um; bereit für den Anstieg. »Wartet nur, bis es zu den ersten Nieten (kleine Absätze, die die Schräge abschwächen, Anm.) kommt«, hatten die Dorfzweifler prophezeit, »das Vorderrad wird sich an einer Niete und das Hinterrad an einer anderen stoßen – und das wars dann.« Doch nichts war! Ohne zu zögern kletterte das Gefährt wieder hinauf bis an den Brunnen, an dem der Fahrer nur kurz anhielt, um an der engen Kurve gedreht zu werden, sodass es den Weg ganz nach oben fortsetzen konnte.

So problemlos diese Fahrt auch war, wiederholt wurde sie nicht. Stattdessen werden die Einkäufe weiterhin auf Schlitten geschnallt und über die Pflastersteine bergabgezogen. Hinauf müssen die Bewohnerinnen und Bewohner die Gepäckrodeln zum Glück nicht ziehen, sondern nur zum Hafen bringen. Dort werden sie vom Traktor nach oben gebracht.

Auf diesen Traktor werden nun die Ruderboote geschnallt. Die Sportclubs packen zusammen, die Tagesgäste genehmigen sich noch ein *pint of ale* oder *cider*, bevor sie den anstrengenden Rückweg bergauf antreten; das Ruderfest ist vorbei.

Ist es schwierig, für so einen abgelegenen, steilen Ort Mieter zu finden? John Rous schüttelt den Kopf: »Ganz im Gegenteil. Es gibt sogar eine Warteliste.« Ein niedliches Häuschen in malerischer Bucht, um dessen Instandhaltung man sich nicht kümmern muss; das klingt anziehend. Bei manchen geht es dann aber doch schnell: »Ich wollte immer schon eine Frühstückspension haben«, erzählt Michelle, die das Harbour View Cottage mit ihrem Mann Rod führt. »Und als wir uns dann dafür interessierten, nach Clovelly zu ziehen, wurde doch gerade dieses *Bed and Breakfast* frei.« Sie öffnet die Tür in den King Room, in dem wir die Nacht verbringen werden.

So richtig lernt man Clovelly am Abend kennen. Wenn mit der Sonne auch die Tagesgäste das Dorf verlassen, sich die Ruhe aufs Kopfsteinpflaster setzt und man ins Plaudern kommt. Man beobachtet die Vertrautheit zwischen den Anrainern und die Leichtigkeit, mit der sie einander bei Problemen helfen. Ich hatte nicht bedacht, dass die Auswahl an Restaurants in so einem kleinen Dorf überschaubar sein würde und man vorab reservieren sollte. Michelle rät uns, rasch zum New Inn zu laufen, und wir haben Glück; sie haben in einer Stunde noch einen Tisch frei. Die Panier des gebackenen Fischs ist dann knusprig, der Weißfisch so weich, dass er zerfällt, und die Erbsen knackig. Anschließend folgen wir dem Klang der Musik hinunter in den Hafen. Eine irische Coverband spielt Indierock und später auch ein bisschen Heavy Metal. Die Klänge hallen in der Bucht wider und werden vom schunkelnden Meer geschluckt. Füße beginnen zu wippen und dann auch einige Hüften. Das zweite Glas Wein leert sich um einiges schneller als das erste. Und obwohl wir gerade erst eingetroffen sind, fühlen wir uns angekommen.

Doch bereits um einundzwanzig Uhr ist Schluss: Anrainerschutz. Zwei Lieder spielt die Band noch und dann steigen wir – zum wiederholten Mal mit mittlerweile äußerst müden Füßen – die steile Straße zur Frühstückspension hinauf.

Am nächsten Morgen könnte der Ausblick aus dem Fenster gemalt sein: Die Bucht ist in Pastellfarben getaucht, das Meer hat kleine Schaumkronen und verschwimmt mit dem Horizont, Möwen ziehen ihre Kreise und man verliert sich in der Weite.

Nach dem Frühstück besuchen wir ein letztes Mal den Hafen und sehen einen Mann in einem gestreiften T-Shirt. Er hat die Hände auf dem Rücken zusammengelegt, die Augen leicht zusammengekniffen; sein Blick geht konzentriert in die Ferne, aufs Wasser. Er war gerade im Gottesdienst und genießt den Moment der Ruhe. Denn mit dem Herbst beginnt seine geschäftigste Zeit des Jahres: die Heringssaison, die im November in einem großen Festival mündet. Dann wird das Dorf einmal mehr vor Stimmengewirr brummen. Die eine oder andere Person wird vielleicht auf der Piermauer sitzen, den Kopf in den Nacken legen, den Blick wandern lassen und zur Erkenntnis kommen: *What a mighty sing'lar place.*

Wo die wilden Winde leben

Von den Höhen und Tiefen des Dartmoors

Das Moor empfängt uns, wie man es von einer Sumpflandschaft erwartet: nass. Kurz vor Okehampton fegen die Scheibenwischer so heftig über die Windschutzscheibe, dass ich fürchte, sie könnten sich aus ihrer Verankerung lösen und in den Straßengraben katapultiert werden. Eine Autostunde südöstlich von Clovelly ist kein Zipfelchen von dem blauen Himmel zu sehen, bei dem wir an der Westküste ins Auto gestiegen sind. Nicht unbedingt die idealen Wetterbedingungen für einen Spaziergang durch die tiefste Schlucht Südwestenglands. Also machen wir, was Briten in so einer Situation eben tun: abwarten und Tee trinken.

Der *Earl Grey* im kleinen Kaffeehaus zwischen Antiquitätenshop und Biobauernladen in der Marktgemeinde Okehampton kommt in kleinen Kannen, und zu *Victoria sponge cake* muss uns die Kellnerin nicht lange überreden. Wir haben aber ja auch noch einen größeren Marsch vor uns. Ob wir wohl die gesamte Wanderung von einem Ende der Schlucht zum anderen schaffen? Oder sollten wir wetterbedingt nur die kleine Runde um den White Lady Wasserfall drehen? »Also …«, sagt die Kellnerin, als sie uns das Tortenstück serviert, und verheimlicht gar nicht erst, dass sie unsere Überlegungen belauscht hat. »Man kann die Schlucht derzeit nicht durchqueren. Ein Baum ist auf den Weg gestürzt …« Ach, wie blöd! »… Man kann also nur beide Enden separat besuchen. Und der Wasserfall«, fährt sie fort, lehnt sich gegen einen der Holzsessel an unserem Tisch, »der ist ja eh ganz nett. Aber so richtig beeindruckend ist der Devil's Cauldron.« Des Teufels Kessel.

Der Teufel begegnet einem in Dartmoor an jeder Ecke. In Widcombe, im östlichen Teil des Nationalparks, findet man ihn in der Legende des bösen Reiters, der schlafende Kinder aus der Kirche entführt. Und in Brentor am westlichen Zipfel des Moors soll er verantwortlich dafür sein, dass hier die mit elf Metern kleinste Kirche der Moorlandschaft und die zweitkleinste des Landes steht. So klein sei sie nämlich, weil sich der reiche Kaufmann Old Hugh zu lange mit dem Teufel herumschlagen musste, bis er die Kirche bauen konnte, die er doch dem heiligen Michael, dem Schutzpatron der Schifffahrer, nach turbulenter Schifffahrt versprochen hatte. Und ihm dann die Energie für ein großes Bauwerk fehlte. Schlussendlich beschloss der besorgte Erzengel Michael, Hugh unter die Arme zu greifen. Als der Teufel in der darauffolgenden Nacht erschien, ergriff der heilige Michael einen riesigen Granitfelsen und schleuderte ihn auf den Satan. Dieser floh, wurde noch an der Ferse vom Felsen getroffen – und verschwand endgültig.

Dann gibt es natürlich den Höllenhund der Baskervilles. Während eines Aufenthalts im Duchy Hotel in Princetown ziemlich in der Mitte des Dartmoors, in dem sich heute das High Moorland Visitor Centre befindet, soll Arthur Conan Doyle die Inspiration zu seinem dritten Roman gefunden haben. »So weit und so karg und so geheimnisvoll« und »wie eine fantastische Landschaft in einem Traum«, beschreibt Doyle durch den Erzähler Dr. Watson das Moor in »Der Hund von Baskerville«. Jenem Fall, in dem der Fluch eines dämonischen Hundes die Baskervilles über das Moor in den Tod jagen soll. In der *BBC*-Verfilmung mit Benedict Cumberbatch als modernem Sherlock Holmes findet das Verbrechen beim Granitfelsen Dewer's Hollow statt. In Wirklichkeit heißt der Ort Dewerstone, ein Name, der sich wiederum von »Old Dewer« ableitet, einer keltischen Bezeichnung für den Teufel. Des Nachts, so die Legende des Felsens, soll der Teufel auf einem riesigen Rappen und umgeben von einer Geister-Hundeschar über das Moor galoppieren, um törichte Menschen über den Dewerstone in den Tod zu jagen. Ein Hirte habe eines Nachts sogar gesehen, wie ein schwarzer Hund einen Menschen verschlungen hat.

Und wir suchen nun also des Teufels Kessel auf. Die Worte der Kellnerin sind uns noch im Ohr, als wir eine Stunde später – der heftige Regen hatte tatsächlich nachgelassen – den Weg fortsetzen. Wir folgen der Landstraße eine Viertelstunde nach Süden, bis wir bei Downton scharf rechts abbiegen und wenig später das Ortsschild von Lydford passieren. Es ist eine niedliche Ortschaft mit dunkelgrauen Steinhäusern, die sich wie zum Schutz vor dem umgebenden Moor aneinanderdrängen, das selbst bei Tageslicht etwas märchenhaft Dunkles hat. Rechter Hand passieren wir das weiß getünchte Castle Inn, dessen Front mit Blauregen überwuchert ist und in dem Arthur Conan Doyle nicht nur einst übernachtet hat, sondern das in den Achtzigern auch für die Verfilmung von »Der Hund von Baskerville« genutzt wurde. Gleich dahinter ragt auf einer leichten begrasten Anhöhe eine quadratische Ruine in die Höhe. Sachsenkönig Alfred hat im 9. Jahrhundert hier eine Burg bauen lassen, als Lydford so wichtig war wie heute Exeter und er die Region vor den Wikingern aus dem Norden und dem kornischen Volk aus dem Süden und Westen verteidigen wollte. Die Münzstation von Lydford prägte zwischen 973 und 1066 insgesamt eineinhalb Millionen Silberpfennige. Die Münzen kann man heute im Britischen Museum in London, im Royal Albert Memorial Museum in Exeter oder in Skandinavien finden. Letztere stammen wohl von Schutzgeldzahlungen an die Wikinger.

Durch das saftige Grün der Laubbäume kann man es beim Vorbeifahren nicht erkennen, aber hinter der St. Petrock's Kirche, die an die Sachsenburg anschließt, erhebt sich ein kleiner Erdwall, auf dem die Normannen 1068, zwei Jahre nach ihrer Eroberung Großbritanniens, eine kleine, dreieckige Befestigung bauten: Lydford Castle. Der Name Lydford Prison hätte zu dem Gebäude aber besser gepasst. Denn so scharf wurden Verstöße gegen lokale Gesetze hier geahndet, dass der Begriff »Lydford Law« zum Synonym für grausame Justiz wurde. Ein Jahrhundert später wurde das unterste Stockwerk dann unter einem Erdhügel begraben, der erste Stock wurde das neue Erdgeschoss – und die schlimmsten Gefangenen in der dunklen Turmgrube untergebracht. Doch von all dem sieht man heute nichts mehr und von der durch die Laubbäume abgeschirmten Landstraße noch viel weniger. Doch was wir sehen, ist der Wegweiser, der den Beginn der Schlucht ankündigt, die Lydford Gorge.

Das nasse Gras befeuchtet die Sportschuhe und die Luft ist dick vom vorangegangenen Regen, als wir das Eingangshäuschen des National Trust passieren. Durch einen Obstgarten geht es zum Beginn der Schlucht. Kleine Informationstafeln am Weg informieren dabei über die Geschichte des Dorfes, das nicht nur von den zwei Burgen geprägt wurde. Nach dem Mittelalter verfiel Lydford zunächst und wurde 1660 als »armseliges Dorf mit etwa zwanzig Häusern« beschrieben – bis 1874 die Eisenbahn nach Devon kam. Und mit ihr die frischlufthungrigen Londoner. Fünfundneunzigtausend Besucher kamen im ersten Jahr aus der Hauptstadt, um zumindest zeitweilig dem Schmutz der Stadt zu entfliehen. Und obwohl wir doch aus anderen grünen Orten kommen, kann man das nachvollziehen, denn die Luft schmeckt frisch, süß und saftig, wie die Äpfel, die man von den umstehenden Obstbäumen stibitzt und heimlich in die Jackentasche wandern lässt.

Die Schlucht – merken wir beim Betreten dann sofort – ist noch einmal anders. Die Luft ist erdig warm und das dichte Blätterdach hüllt uns in einen Kokon aus warmer Feuchtigkeit. Ein Universum aus Grün leuchtet, funkelt und blinkt in diesem gemäßigten Regenwald; es tropft, es klatscht und es gluckert. Wir folgen dem weichen Erdweg und den Steinstufen ins Tal und dort einem gewundenen Pfad entlang des Flusses Lyd, der später in den

Tamar mündet. Wir spazieren über kleine Brücken und hören von der Familiengruppe vor uns das begeisterte Jauchzen der Kinder. Es ist wohl nicht mehr weit. Die Schlucht beginnt sich zu vertiefen. Wie zwei geschwollene Bäuche wachsen die beiden Gesteinswände aufeinander zu und in die Höhe. Auf glitschigen Felssteinen steigen wir aufwärts. Die Steinwände rechts von mir tragen ein Moospolster und die Farne fallen wie Vorhänge über die Steinvorsprünge, werden dichter, höher, breiter, bis sie weit über uns mit den Kronen der Laubbäume zu verwachsen scheinen.

In alarmierend orangefarbener Schrift warnt ein Schild linker Hand vor der Höhe und der Gefährlichkeit des Kessels. Kinder müssen in Begleitung der Eltern sein und Babys dürfen nicht auf dem Rücken getragen werden. Wir öffnen das Eisengatter und steigen die glatten Gittertreppen hinab; das Metall der Haltegriffe ist überraschend kalt, und als wir auf der ersten Plattform ankommen, lassen wir die entgegenkommende Familie passieren, um das Spektakel in Ruhe aufnehmen zu können.

Die Kellnerin aus dem Café in Okehampton kommt mir in den Sinn. Oh, wie wunderbar, dass sie sich eingemischt, dass sie darauf bestanden hat, dass wir diesen Teil der Schlucht besuchen: Die Formation ist wunderschön und angsteinflößend, aufwühlend und doch graziös. Imposant stürzt vor uns das Wasser tosend sprudelnd über den rauen Stein in die Tiefe. Die Wände des Kessels sind glatt gespült und scharf zugleich. Wie ein Ildefonso zeigen sie verschiedene Gesteinsschichten. Das Wasser birst und kracht und sprüht einem ins Gesicht.

Es wirkt unpassend, nur so zu stehen, nicht ausreichend, aber die schmale Plattform erlaubt nicht mehr als das Staunen und ein Foto.

Auf dem Weg zurück zum Parkplatz wirkt die Natur nach. Kein Wort ist notwendig, vielleicht noch nicht einmal ein Gedanke. Ruhig und erfüllt steigen wir die Schlucht wieder bergauf.

Das andere Ende der Lydford Gorge empfängt uns mit offener Weite und dem seidenen Schleier der Weißen Lady. Hat der schmale, längliche Wasserfall den Namen wirklich nur durch seine Ähnlichkeit mit einem Brautschleier – oder ist doch etwas dran, an der Geschichte des Geistes, der in seiner Gestalt dem weißen Wasserfall nicht unähnlich sein soll? Ins Wasser Gestürzte, die die Weiße Lady wahrnehmen, sollen jedenfalls gerettet werden, wenn man der Legende Glauben schenkt.

Die letzten Meter nähert man sich am besten barfuß. Die Steine sind nass, glitschig und so kalt, dass kleine Blitze von den Fußsohlen in die Beine schießen. Es zieht mich dennoch nah an den Wasserfall, ich hocke mich am Fuß des Falls an das Wasserbecken, forme eine Schale mit meinen Händen, lasse sie mit dem frischen Flusswasser füllen. Vielleicht ist es das Rauschen, vielleicht der feine Sprühnebel, vielleicht die Legenden im Kopf, aber in dem Moment besteht kein Zweifel daran: Diese Stelle ist mehr als ein Naturspektakel; dieser Ort ist menschenleer, verlassen und doch beseelt. Oft sind es die Plätze, von denen man gar nicht so viel erwartet hat, die einem besonders im Gedächtnis bleiben. Vielleicht weil sie mit keiner idealisierten Version mithalten müssen.

Nach dem Besuch in der Schlucht windet sich die Landstraße immer tiefer in die entrische Moorlandschaft. Die Kargheit ist so surreal schön, dass man nicht einfach nur durchfahren kann. Also halten wir am nächsten Parkplatz, dem Pork Hill Car Park, und laufen los. Der Kies knirscht unter unseren Schuhen. Nebelfetzen ziehen herum, als wir den schroffen Cox Tor anvisieren. Stumm, immer noch ergriffen von der Schlucht, schreiten wir durch ein Spalier aus wuchtigen Farnen. Schafe springen überrascht zur Seite. Die Neigung des Hanges wird steiler, immer mehr Geröll mischt sich mit der Erde und die Nebelwand wird undurchsichtiger. Zu viel Zeit haben wir wohl nicht, zu leicht kann man sich in dieser ewig gleichen Landschaft verlieren. Doch gleich, bestimmt ganz gleich müssten wir auf der Hügelspitze sein. So hoch hat es doch von unten nicht ausgesehen. Mit jedem Schritt steigt mehr Nebel zwischen den Gräsern und Gesteinen auf, und wir steigen schneller. Die Oberschenkel brennen. Und dann entpuppt sich die Anhöhe, die wie die Spitze gewirkt hat, nur als Vorsprung; dahinter wartet der nächste Hügel. Mittlerweile nieselt es aus den dichten Nebelwolken. Wir klettern höher, weiter, und da, endlich, erreichen wir den Gipfel.

Ich weiß nicht, warum ich es dann tue. Vielleicht liegt es an der Uneinsichtigkeit des Nebels, vielleicht ist es ein Ausgleich zur einschließenden Schlucht, doch auf einmal ergreift mich eine unglaubliche Leichtigkeit. Ich schmeiße die Arme in die Luft und beginne zu juchzen, zu rufen. Immer lauter hallt das Echo über das karge Land; die

Schreie werden an den Kalksteinen gebrochen. Eine Weite ergreift mich.

Das muss sie sein, die Freiheit des Moores.

Eintauchen in giftige Gärten

Auf Spurensuche bei der meistgelesenen Autorin der Welt in Torquay

Um einen klaren Kopf zu bewahren, hat mir eine Eisschwimmerin einmal erklärt, muss man einfach weiter atmen. Ruhig, regelmäßig, jegliche Schnappatmung vermeidend, denn die sei es, die dem Körper die Warnsignale sende. Nicht das kalte Wasser selbst. Zugegeben, das hier ist kein Eiswasser, es ist bloß der englische Ärmelkanal und streng genommen ist es sogar Sommer, wenn auch der zögerlich britische Beginn. Doch davon spüren die Zehen nichts, die vorsichtig tiefer ins achtzehn Grad kalte Wasser getaucht werden. Das Gewicht auf das linke Bein verlagert, sucht der rechte Fuß eine Stelle, an der keine der Kieselsteine so unangenehm in die Sohle piksen, dass man sich vor Schmerz zusammenkrümmen muss. Fühlen, setzen, Gewicht verlagern, nachziehen, Seitenwechsel. Wettbewerb im grazilen Gehen lässt sich damit zwar nicht gewinnen, aber zum Glück sind wir sowieso nahezu allein in der Antsey Cove vor Torquay an der englischen Riviera, an diesem späten Junimorgen, an dem das Meer in einem diesigen Schleier mit dem Himmel verschwimmt. Huch! Unwillkürlich wird der Bauch eingezogen, als könnte er sich dadurch der anschwappenden Kälte entziehen. Aber nicht zu viel denken, einfach tun. Vielleicht war es das, was Agatha Christie am Wildschwimmen in dieser Bucht schätzte. Die Überwindung, die strenge Disziplin, dieses Gefühl der Stärke, wenn man den inneren Schweinehund überlistet hat, wie sie es wohl auch beim Schreiben ihrer Krimis gewohnt war. »Zuerst«, erklärt sie in ihrem Hercule-Poirot-Krimi »Dead Man's Folly« (»Wiedersehen mit Mrs. Oliver«, vor einigen Jahren als »Mord mit verteilten Rollen« neu aufgelegt) durch die fiktive Romanautorin und ihr Alter Ego, Ariadne Oliver, »muss man sich etwas einfallen lassen, und wenn einem etwas eingefallen ist, muss man sich dazu zwingen, sich hinzusetzen und es zu schreiben. Das ist alles.« Deshalb ist Ariadne Oliver an dieser Stelle des Romans auch froh, durch Hercule Poirot davon abgehalten zu werden, einen Vortrag übers Schreiben zu halten. »Ich hätte nur drei Minuten gebraucht, um das zu erklären, und dann wäre der Vortrag zu Ende und alle wären sehr genervt gewesen.« Sie könne sich sowieso nicht vorstellen, ergänzt Mrs. Oliver, »warum alle immer so scharf darauf sind, dass Autoren über das Schreiben reden. Ich hätte mir denken sollen, dass es die Aufgabe eines Autors ist, zu schreiben und nicht zu reden.«

Aber manchmal: zu schwimmen. Ohne nachzudenken bin ich dann endlich eingetaucht und schwimme hin und her in einem Meerwasser, das auf einmal gar nicht mehr so kalt ist.

Eine Stunde später – nach schnellem Abtrocknen, hektischem Umziehen und einigen Schreckmomenten auf der engen, einspurigen Landstraße – biegen wir auf den gleichen Weg ein, den Privatdetektiv Hercule Poirot am Beginn von »Dead Man's Folly«

entlangchauffiert wird, nachdem ihn Ariadne Oliver besorgt zu sich gerufen hatte: Etwas schien nicht mit rechten Dingen zuzugehen im Nasse House von George Stubbs, in dem sie für das Sommerfest ein Mysteryspiel entwickeln sollte.

Für uns geht es genau so, wie es im Buch beschrieben ist, »durch große Eisentore und entlang einer Auffahrt, die schließlich vor einem großen weißen georgianischen Haus mit Blick auf den Fluss endete«. Doch anders als den Privatdetektiv erwartet uns hier nicht Mrs. Oliver, sondern Tamara Roberts, Hausverwalterin für den National Trust. Denn in diesem Anwesen, das in Wahrheit nicht Nasse, sondern Greenway House heißt, lebte sie einst selbst, die Autorin Agatha Mary Clarissa, geborene Miller, die nicht nur die vielleicht berühmteste Krimiautorin aller Zeiten ist, sondern auch jene englische Autorin, deren zwei Milliarden Buchverkäufe einzig von der Bibel und Shakespeare überboten werden. Und weil sich der Erfolg bereits nach dem ersten Buch während ihrer ersten Ehe einstellte, blieb sie zeit ihres Lebens bei dem Nachnamen ihres ersten Mannes, den sie zu der Zeit trug: Christie.

Greenway House, erzählt uns dann Tamara in rasantem Sprechtempo, während sie uns über den Kiesweg zum Haus führt, gelangte 1938 zum Verkauf und Agatha, die zu der Zeit mit dem Archäologen Max Mallowan verheiratet war, suchte einen ruhigen Ort zum Zurückziehen in der Ferienzeit. Sie kaufte das Anwesen um sechstausend Pfund (umgerechnete und inflationsangepasste fünfhundertzwanzigtausend Euro). »Diese wunderschönen Magnolien, seht ihr die?«, fragt Tamara und deutet auf drei riesige Exemplare seitlich des Hauses. »Die haben sie gepflanzt, um den Blick vom Fluss zu versperren. Traurig, dass so etwas nötig ist, oder? Paparazzi kamen damals nämlich sogar mit dem Schiff, um einen Blick auf sie zu ergattern.«

Die Haustür wird von innen geöffnet und wir treten durch den Vorbau mit den griechisch anmutenden Säulen hinein in das Anwesen, das sich stattlich, edel und zurückhaltend präsentiert, wie eine elegante Aristokratin. Im Morgenzimmer linker Hand wird man von Rosie mit großen Augen und adrettem Kurzhaarschnitt empfangen, der Porzellanpuppe, die Agatha besessen hatte, seit sie etwa vier Jahre war und der sie eines Tages die Haare abschnitt. Doch in dem überlebensgroßen Gemälde, das hinter der Puppe an der Wand hängt und die vierjährige Agatha lümmelnd im Ohrensessel mit Rosie zeigt, tragen beide goldige Locken. »Es war damals üblich, die Puppe im Aussehen an die Besitzerin anzupassen«, erklärt Tamara.

Auch wenn Agatha Christie in diesem Ferienhaus nicht an ihren Büchern schrieb – hier wollte sie Privatperson sein und war auch im Dorf als Mrs. Mallowan bekannt –, bearbeitet hat sie die Texte in dem Feriendomizil schon. Im Gesellschaftszimmer, Agathas Lieblingsraum, mit hohen Fenstertüren und einem goldverzierten Spiegel über dem Kamin, deutet unsere Führerin auf die Couch. »Hier hat sie ihre Manuskripte vorgelesen. Max schlief mittendrin immer ein, wachte am Ende auf und erklärte: ›Die waren es.‹« Agatha habe es maßlos geärgert, dass er trotz Wegnickens den Bösewicht ausmachen konnte. Tamara grinst.

Die Museumsleiterin führt uns durch Räume mit hohen Schaukästen und Gänge voll Vitrinen. »Die besten Ideen sollen ihr beim Abwasch gekommen sein«, sagt Tamara. Die Autorin habe ihre Ideen für neue Plots oft hastig in ihren Notizbüchern zwischen den Einkaufslisten notiert: »Sie hatte schon als kleines Mädchen eine große Vorstellungskraft. Ihre Geschwister waren zehn, elf Jahre älter, also musste sie sich selbst unterhalten, sich Geschichten ausdenken und Figuren erfinden.«

Gibt es in einem Haus, in dem so viel erdachte Figuren herumschweben, einen Hauch von Agatha? »Also«, setzt Tamara an, »wir haben sie nie gesehen. Aber als ich vor vier Jahren hier angefangen habe, wurde mir gesagt, dass wir um ihren Geburtstag herum (dem 15. September) in ihrem Schlafzimmer den Duft von Maiglöckchen riechen können.« Die Museumsleiterin schmunzelt und fährt fort: »Anfangs habe ich da gedacht: ›Blödsinn, die nehmen mich auf den Arm.‹ Aber dann war ich einmal allein im Schlafzimmer und der stärkste Geruch von Maiglöckchen kam herein, und ich dachte: ›Das gibt es ja nicht.‹ Ich bin also die Treppe hinunter und habe zu zwei Kollegen gerufen: ›Sie ist wieder da!‹ Und die meinten nur: ›Ja, das passt, um die Zeit sollte sie zurück sein.‹« Tamara lacht. In der Früh rieche es zudem manchmal nach Gas, obwohl es keinen Gasanschluss gebe, und ein paar Besucher hätten sie gefragt, wer der alte Mann da oben sei, wenn eigentlich keiner im Obergeschoss war. Worauf Tamara aber antwortete: »Ein Gast.«

Doch die Momente hätten nichts Gespenstiges oder Gruseliges. »Agatha möchte nur Hallo sagen, oder vielleicht nach dem Rechten sehen. Und«, kann es sich Tamara nicht verkneifen, »wundert sich dann vielleicht, wer diese Leute hier alle sind.« Ihr Enkelsohn Mathew Prichard hat das Anwesen fünfundzwanzig Jahre nach ihrem Tod dem National Trust vermacht.

In »Dead Man's Folly«, für den Greenway als Vorlage diente, findet der Krimi inmitten eines Mysteryspiels statt. Die vierzehnjährige Marlene Tucker, die doch nur für die Gäste der Sommerparty eine Leiche spielen soll, wird dabei tatsächlich tot aufgefunden. Um zu ihrem Tatort zu gelangen, folgen wir – ebenso wie Hercule Poirot und Ariadne Oliver – dem überwachsenen, gewundenen Waldpfad hinab zum Fluss. Tourguide Nick Warboys öffnet die Tür des Bootshauses und lässt uns in einen gemütlichen Raum mit kleinem Ofen, geblümten Polstern auf Korbsesseln und einem Ausblick über den trägen Fluss Dart. »Hier«, sagt Nick und zeigt auf die Holzdielen nahe dem halbmondförmigen Fenster, »hier liegt im Buch die Leiche von Marlene Tucker, erdrosselt mit einer Wäscheleine.« Als Hercule Poirot sie entdeckt, unterdrückt er einen Aufschrei und Mrs. Oliver greift nach einem der Korbsessel und ruft: »Du kannst nicht meinen … dass sie tot ist.«

Während die Auflösung des richtigen Krimis an dieser Stelle nicht vorweggenommen wird, so sei doch erwähnt, dass der Clou in Mrs. Olivers erdachtem Mysteryspiel mit Gift zu tun hat. Und um dazu ein wenig mehr zu erfahren, rumpeln wir nach herzlicher Verabschiedung und Stärkung bei Tee und *biscuits* die schmale Landstraße zurück. Wir brausen durchs dicht besiedelte Torbay und die Küste entlang bis nach Torquay. Hier biegen wir an der siebenfach verästelten Kreuzung der Avenue Road scharf rechts ab und rollen zwischen zwei Steinsäulen durch, auf deren Kuppeln steinerne Schwäne beschützerisch ihre Flügel ausbreiten: Willkommen in Torre Abbey, einem ehemaligen Kloster, das heute Museum und Kunstgalerie ist. Vorbei an dicken Steinwänden geht es in den Klostergarten. Dort ist Gärtnerin Ali Marshall in einem quadratischen Blumenbeet über eine dickblättrige Pflanze gebeugt. Doch sie darf nicht unvorsichtig sein, denn die Pflanzen um sie herum sind, mal schwächer, mal stärker, giftig. Wir befinden uns nämlich in Agatha Christies Giftgarten.

Mit Gift kannte sich die Schriftstellerin aus. Während des Krieges hatte sie die pharmazeutische Ausbildung abgeschlossen und wusste um Dosierungen und tödliche Kombinationen. »Gift hat einen gewissen Reiz«, schrieb Agatha im Miss-Marple-Krimi »They Do It With Mirrors« (»Fata Morgana«). »Es hat nicht die Grobheit der Revolverkugel oder der stumpfen Waffe.« Und so arbeiten die Mörder in den meisten ihrer Fälle mit tödlichen Pflanzen und Arzneien.

Ali Marshall bückt sich über die Pfingstrosen, die zwar nicht giftig sind, über die aber Miss Marple spricht und die deshalb hier sein dürfen. Die Weide daneben, die in »Dead Man's Folly« vorkommt, ist ein Kopfwehmittel und nur in großen Dosen gefährlich. Doch auch die wirklich Mächtigen sind dabei: eine Nikotinpflanze mit weißen dünnen Trichtern, bei der das Gift in den Blättern steckt und nur eine geringe Dosis notwendig ist, um jemanden zu töten.

Deshalb machen Schilder im Blumenbeet auch darauf aufmerksam, dass keine der Pflanzen in diesem Teil des Gartens unbeaufsichtigt angegriffen werden darf. An der Längsseite steht eine Eibe mit roten beerenförmigen Blüten, deren Inhaltsstoff Taxine lange nur als Gift bekannt war, bis herauskam, dass es gegen Leukämie und Brustkrebs hilft. »Es greift nämlich nur die Krebszellen an, nicht die anderen. Ist das nicht faszinierend?« Die Augen der Gärtnerin funkeln. Sie führt uns zum Fingerhut. »Den verwendet Agatha Christie ganz oft. Fingerhut ist ja in vielen Herzmedikamenten. Es kann also in der Manteltasche des Arztes stecken oder ein Charakter kann es als Medikament benutzen. In einer Kurzgeschichte«, holt sie aus, »werden die Blätter des Fingerhuts versehentlich mit Salbei und Zwiebeln vermischt, die in die Ente kommen, und dann isst ein ganzer Tisch die Ente und alle werden krank, aber nur einer stirbt. Noch dazu ausgerechnet die Person, die den Fingerhut in die Füllung gestopft hat. Genial, oder?«

Weil Wissen um giftige Pflanzen – »etwa, dass man die roten Beeren des Bittersüßen Nachtschattens nicht essen darf« – immer schneller verloren geht, arbeitet Ali Marshall häufig mit Schulklassen. Einmal habe sie dafür schon einen Kollegen gebeten, eine Leiche zu spielen. Wie Marlene Tucker in Mrs. Olivers Spiel. »Die Klasse war dann aber zu spät dran und im Endeffekt musste er für eineinhalb Stunden so ausharren.« Weil es sich aber um keinen Agatha-Christie-Krimi handelte, ist dem Kollegen nichts passiert.

Von furchtbaren Früchtchen und fruchtbaren Fuhren

Gesucht und gefunden auf den abgelegenen Küsten um Salcombe

Man sieht sie sofort. Beim Betreten des unteren Gartenbereichs fällt der Blick schnell auf die üppige Staude mit den gelben Blüten, in Größe und Form Käseglocken nicht unähnlich und farblich an gereiften Cheddar erinnernd. Darunter wachsen in einem tropfenartigen Kokon die Stars der Pflanze heran: eine Traube kompakter grüner Bananen. Süß genug für den Verzehr sind sie nicht, aber ein Genuss sind sie dennoch – für die Augen. Diese exotischen Früchte zwischen länglichen Blättern, die ein bisschen an Elefantenohren erinnern und so groß sind, dass man sich in sie einwickeln könnte.

Bei den tropischen Gartenlandschaften Großbritanniens denkt man schnell ausschließlich an Cornwall. An die Lost Gardens of Heligan, Trewithen, Trewidden oder Trelissick. Doch auch Devon ist mit ungewöhnlich mildem Klima gesegnet. Wenn man etwa den uneinsichtigen und von Hecken eingefassten Landstraßen bis nach Salcombe an den südlichsten Zipfel der Grafschaft folgt und vom South Sand Beach die steile und schmale Gasse drei Kurven bergauf fährt, gelangt man an so einen Ort: »Overbeck's Garden« empfängt einen in rostbrauner Schrift der Name des Anwesens über einem schweren, hölzernen Tor. Dabei wurde der Garten gar nicht von einem Herrn Overbeck kreiert, sondern von einem Vorbesitzer, dem Pflanzen-Aficionado Edric Hopkins. Er hatte den Grund 1895 übernommen, um sich nach Jahren bei der Marine mit seiner Familie zurückzuziehen. Doch als der exzentrische Erfinder Otto Overbeck (der mit seinem Elektrotherapiegerät »Overbeck Rejuvenator« das Altern stoppen wollte) das Anwesen 1937 dem National Trust vermachte, war es eine seiner Vorgaben, dass der Garten seinen Namen bekommen würde – und so bleibt Hopkins der »unbesungenen Held«, wie Chris Groves in seinen Einführungsworten verrät. Der Chefgärtner ist gerade bei seiner Morgenrunde, als ich ihn treffe. Jenem täglichen Rundgang, wenn die Luft noch kristallen und die Pfade verlassen sind und er überprüft, ob die Wege sicher und gesäubert sind. Ganz kommt er dabei nicht umhin, die Früchte der Arbeit zu bewundern. Was ist gewachsen, was streckt sich, was vergeht? Und wichtig ist das ja auch, schließlich kann er damit den Tagesgästen die besten Tipps für ihre Touren geben.

Im unteren Bereich, in dem die Bananenstaude hervorsticht, ist er aktuell besonders gerne. Und im Statuengarten, der einst Tennisplatz war und dessen üppiges Blumenbeet bei täglichem Besuch eine Feuerwerksshow in Zeitlupe bietet. In der Mitte dieses Gartenteils steht die bronzene Figur eines jungen Mädchens, das ihren rechten Arm der Sonne entgegenhält. »Ursprünglich ist ein Vögelchen auf ihrer Hand gesessen«, erzählt Chris und das erklärt dann auch den Namen der Statue, »First Flight«. »Aber«, fährt Chris fort, »der fiel Schussübungen der Soldaten zum Opfer.« Die wohlhabende Vereker-Familie, die das Haus nur ein Jahr vor Kriegsausbruch umgebaut hatte, stellte es als Genesungsheim für verletzte Soldaten zur Verfügung, nachdem ihr Sohn während eines Einsatzes ums Leben gekommen war.

Bei wohlhabenden Familien ist die Region auch immer noch begehrt. Das exklusive Salcombe führt regelmäßig die Listen der teuersten Wohnorte Englands an. Unlängst zitierte die britische *Daily Mail* ein Pärchen, das schwor, nie wieder nach Salcombe zurückzukehren, weil es ganze fünfzehn Pfund (rund siebzehn Euro) für einen mickrigen zehn Zentimeter langen frittierten Fisch in ihrer *Fish-and-Chips*-Portion gezahlt hätte.

Doch im 18. Jahrhundert hätte der Ruf Salcombes nicht gegensätzlicher sein können: Um Kämpfe mit anderen Ländern zu finanzieren, hatte die britische Krone im 17. und 18. Jahrhundert hohe Abgaben auf eingeführte Waren erhoben. Im Jahr 1750 gab es auf importierten Tee etwa eine Einfuhrsteuer von hundertneunzehn Prozent. Zwischen Plymouth und Dartmouth, schreibt Roger Barrett in einem Geschichtspapier für das Museum Salcombe, waren aber nur eine Handvoll Zollbeamte unterwegs und so stürzten sich abgelegene Fischerdörfer wie Salcombe in das profitable Wagnis des Schmuggelhandels. In mondlosen Nächten landeten Seefahrer in abgelegenen Buchten, wurden von bewaffneten Reitern empfangen, die die Waren über versunkene Gassen zu Verstecken im Landesinneren brachten. (Aber dazu kommen wir später noch etwas ausführlicher.)

An dem Hochsommertag meines Besuchs brennt

kurz nach elf die Sonne so stark im Garten über Salcombe, dass wir uns beim Rundgang von einem Schattenplatz zum nächsten retten. Denn obwohl dieser Garten in Richtung Meer hin abfällt und es auf Klippen meist weht und bläst, ist hier kaum ein Windhauch zu spüren. Der Hang ist nämlich nach Osten gerichtet, vom Westwind geschützt und von der Sonne bevorzugt. Und so wuchern die Myrtensträucher so dicht, dass sie zu üppigen Kugeln gestutzt werden können, die Magnolie – von Chris »Matriarchin« genannt – rekelt weiter ihre Äste und die Canna-Lilie, die in England meist mühsam in Töpfen gezogen wird, gedeiht hier wie Unkraut. Auch den australischen Pflanzen, die Edric Hopkins so faszinierten, gefällt es hier – selbst der schmalen Juania-australis-Palme, von der es in Großbritannien nur eine Handvoll gibt und die von einem Bambusschutz umgeben ist. »Sie ist ein Goldlöckchen«, sagt Chris und schmunzelt, »sie mag es nicht zu heiß, nicht zu kalt, es muss genau richtig sein. Aber Palmen-Fans sind verrückt nach ihr.«

Indirekt hilft auch Österreich bei der Gartenarbeit. Denn die abfallende Wiesenfläche, die in den kommenden Jahren zu einem mediterranen Olivenhain werden soll, wird mit der Hand gemäht. Und die Sense, die Chris dazu verwendet, kommt vom oberösterreichischen Traditionsunternehmen Schröckenfux, importiert vom Sensenpionier Simon Fairlie. »Ich gebe sie Besuchern immer wieder in die Hand und sie sind jedes Mal überrascht, wie leicht sie ist«, erzählt der Gärtner. Österreichische Sensen sind nämlich leichter, flexibler und biegsamer als die behäbigen englischen.

Kleine Kieselsteine knirschen unter den Schuhen, als wir zum Gewächshaus gelangen, in dem die Kakteen emporwuchern und an dessen Rückwand Fotografien der vergangenen Familien hängen. Unter anderem: Edric Hopkins' Sohn im Jahr 1905 neben der meterhohen Bananenstaude, die bereits damals Blüten trug. Ein fruchtbarer Boden für Früchte.

Damit ist das Stichwort für eine andere Episode Salcombes gefallen. Im frühen 19. Jahrhundert, nachdem Küstenwache und Zollbeamte die Schmugglerаktionen erschwerten, erlangte Salcombe auf andere Art Berühmtheit. Zu einer Zeit, als die gesamte Ortschaft aus fünfzig Steinhäusern bestand, waren gleich fünf davon Schiffswerften und schufen mit den »Salcombe Fruiters« außergewöhnlich schmale und dadurch schnelle Segelboote, die den Kapitänen einen entscheidenden Vorteil verschafften. Auf den Azoren mit Orangen und Zitronen, in Spanien mit Rosinen und Nüssen oder in der Türkei mit Feigen beladen, hieß es für die Kapitäne so schnell wie möglich nach England zu kommen, denn wer zuerst London, Liverpool, Bristol oder Hull erreichte, konnte die höchsten Gewinne einfahren. Doch so schnell Salcombe durch den Obsthandel zu Ruhm gekommen war, brach das Geschäft auch wieder ein: Dampfschiffe verdrängten die Segler, die zunächst noch Salzfische aus Neufundland holten, bis auch dieses Geschäft abnahm.

Für uns geht es von der Anhöhe Overbecks nun hinab ins Tal. Zum Meer, das schon aus der Ferne kitschig glitzerte, doch dessen durchsichtiges Wasser einem erst bewusst wird, wenn man die steile

Gasse hinuntergelaufen ist und die bloßen Zehen in den weichnassen Sand bohrt. Auf einem knallblauen traktorähnlichen Gefährt sitzt ein älterer Herr mit seiner Labradorhündin und beobachtet die Küste. »Es sieht aus wie vor sechzig Jahren«, sagt er und in seinem Satz schwingt Nostalgie und Verwunderung mit.

Kurz darauf zieht uns der Traktor tiefer ins Wasser, denn wir nehmen die authentischste Art, um vom Stadtrand ins Zentrum zu gelangen: mit der Fähre. Zügig pflügt das Boot zwischen eleganten Jachten durch die Meeresenge. Baumkronen dicht wie Brokkoli säumen die Küste und werden dann immer mehr von pastellfarbenen Häusern abgelöst. Der Fahrtwind verwirbelt die Haare, und die Labradorhündin legt den Kopf auf die Bootsreling. Aus Jachten werden Motorboote, die sich um den schmalen Holzsteg drängen. »Das ist der echte Parkplatz von Salcombe«, sagt der Mann und lacht. »Hier muss man ja fast schon ein Bändchen an sein Motorboot binden, um es später wiederzufinden.« Er winkt und verschwindet in der Menge.

Nach der Ruhe in Overbecks Garten ist die Geschäftigkeit am Hauptplatz fast zu hektisch. Große und kleine Gruppen an Urlauberinnen und Urlaubern sitzen am Pier, entspannen im *Pub*-Garten, schlendern durch die schmalen Gassen oder stehen vor der Bäckerei Schlange, um sich eine *Cornish pasty* zu besorgen. Wenn man die erste Gasse nach links abbiegt, kommt man an der Nummer 22 Fore Street vorbei; einer Adresse, die England-Liebhabern von Pullovern und T-Shirts bekannt sein könnte. Denn hier haben Peter Williams und Robert Shaw die ersten Kollektionen ihrer Marke Jack Wills verkauft – und gleich darüber gewohnt, weil die vierzigtausend Pfund Startkapital alle Ersparnisse aufgebraucht hatten. Ihre Vision von einem Label, das das britische Universitätsleben verkörpern sollte, ging auf. Auf die zweite Filiale in London noch im gleichen Jahr folgten Dutzende weitere – bevorzugt in britischen Universitätsstädten wie Eton, St. Andrews oder Winchester. Doch das Wachstum kam zu schnell. 2019 kollabierte das Unternehmen mit einer Milliarde Pfund Schulden und Sports Direct sprang als neuer Besitzer ein. Doch der alte Kamin in der Umkleidekabine im Obergeschoss der Filiale Salcombes erinnert weiterhin an die Anfänge einer Marke, die wie so viele Trends in Salcombe rasch emporgeschossen und wieder zusammengefallen war.

»Eine Kostprobe?«, fragt Barkeeper Jake auf einem kleinen Vorplatz in der Island Street am anderen Ende des Stadtzentrums, an dem exakt zwanzig Jahre zuvor die früheren Segellehrer Angus Lugsdin and Howard Davies ihre ersten Gin-Kreationen anboten. Mit Ausdauer und Leidenschaft schufen sie aus Dartmoors weichem Wasser und dreizehn verschiedenen Pflanzen einen Gin, der innerhalb eines Jahres mit Gold bei den World Gin Awards und Doppelgold bei der San Francisco World Spirits Competition ausgezeichnet wurde. Doch schon wieder ist ein Erfolgsbetrieb im kleinen Salcombe nicht allein. Im Zwei-Minuten-Radius befinden sich zwei weitere Spirituosen-Firmen: die Devon Rum Company und Tarquin's Cornish Gin.

Wie alle ausreichend Kundschaft finden? »Das Publikum ist trinkfreudig«, sagt Jake, grinst und bietet eine Kostprobe des neuen Rosé »Saint Marie« an. Es ist ein in Erdbeeren eingelegter Gin mit geschichtsträchtigem Namen. Er spielt auf den gleichnamigen Hafen in der Karibik an, an dem die Salcombe Fruiters einst ihre Ware aufgegabelt haben.

Nur nicht falsch herum

Abwarten und cream tea trinken in Plymouth

Ist er erdbeerrot über cremeweiß oder cremeweiß über erdbeerrot, der Leuchtturm, der am Horizont auftaucht, als wir die Lockey Street zur Hoe Promenade in Plymouth hinaufspazieren? Wie passend sind die farblichen Streifen des Smeaton Tower (benannt nach dem Vater des Bauingenieurwesens), der nicht nur an der Grenze zwischen Devon und Cornwall liegt, sondern damit auch an der Trennlinie der vielleicht englischsten Debatte steht. Wie gehört es beim *cream tea* richtig: *clotted cream* oder Erdbeermarmelade zuerst auf den *scone*?

Am besten lassen sich Fragen über Süßspeisen natürlich beim Verzehr derselben beantworten, und dafür suchen wir in Plymouth einen besonders edlen Ort auf. Fünfzig Autominuten sind wir von Salcombe zuvor in den Westen gefahren, bis uns das Ortsschild in der »Ocean City« willkommen hieß. Die weiten Straßen, hohen Industriegebäude und modernen Veranstaltungshallen standen im harten Kontrast zur antiquierten Lieblichkeit der kleinen devonischen Dörfer. Doch nachdem wir im Hotel eingecheckt hatten und an hohen Reihenhäusern bis zur Weite der Hoe Promenade flaniert sind, hat die Stadt mit ihren edlen Häusern, zahlreichen Palmen und fantastischen Ausblicken bereits überzeugen können.

Links von uns, am Beginn der Promenade, thront die steinerne Statue von Francis Drake. Der Admiral soll am 20. Juli 1588 hier Bowling gespielt haben, als ihn die Nachricht von der Spanischen Armada erreichte. Doch Drake gab sich unbeeindruckt; er verkündete, sein Spiel ungestört fortsetzen zu wollen. Eine Anekdote, die ihn zum abgebrühten englischen Helden stilisierte. Tatsächlich wussten Drake und seine Mitkapitäne wohl genau, dass es die damaligen Wind- und Gezeitenverhältnisse der englischen Flotte unmöglich machten, zu diesem Zeitpunkt von Plymouth aus in See zu stechen.

In See wollen wir zwar nicht stechen (das kommt morgen), aber dem Ruf des Meeres folgen wir trotzdem. Wir steigen also weiter bergauf, bis wir zum rot-weißen Smeaton Tower kommen. Der Leuchtturm war ursprünglich draußen im Meer gestanden, bis man erkannte, dass das Wasser den Felsen darunter unterspülte und er Stein für Stein an seinen neuen Standort transportiert wurde. Wir folgen dem kleinen Asphaltweg, der um den Leuchtturm herum und danach geradeaus weiter wieder bergab führt, bis wir vor einer Glaskuppel landen. Nach ein paar Stufen öffnen wir die Tür ins darunter befindliche Restaurant: The View. Ein Platz am Fenster mit Aussicht ist frei, und hier wird er dann endlich bestellt, der *cream tea*.

Natürlich isst man in England ganz oft *scones*. Einfache *scones*, *scones* mit Käse, *scones* mit Zwiebel und Käse, *scones* mit Fruchtstücken. So oft isst man *scones*, dass man dem weichen, wohligen Gebäck mitunter nicht mehr die verdiente Aufmerksamkeit schenkt. Und ist es deshalb nicht wunderbar, dass mit dem *cream tea* ein Format geboren wurde, das diese Süßspeise in den Vordergrund stellt?

Auch im Eingangsbereich des The View macht ein großes Plakat darauf aufmerksam. Was empfiehlt also der Kellner im The View, *cream* oder Marmelade zuerst? Doch der junge Mann zuckt mit den Schultern. »Ich bin nicht von hier«, sagt er entschuldigend und ich wundere mich, dass das Restaurantpersonal in Devon nicht geschult ist. Denn wenn man die Theorie studiert, kann es in dieser Grafschaft auf diese Frage nur eine Antwort geben.

Gut, dass ich mich vorab bei Devons Top-*Clotted-Cream*-Produzenten »Devon Cream Company« umgehört habe, der seine Milchprodukte mittlerweile in vierzig Länder, allen voran Kanada und Amerika und neuerdings auch nach Südkorea, exportiert. »Also typisch Devon ist *cream* zuerst«, sagte Marketingchefin Caron. Denn in Devon wird das fette Obers (fünfundfünfzig Prozent!) als Butterersatz gesehen und kann somit nur unter die Erdbeermarmelade gehören. Der Erste, der das so sah, war auch jener, der laut Devonianern den *cream tea* erfunden hat. Im Jahr 997 wurde das Kloster in der Ortschaft Tavistock, vierundzwanzig Kilometer nördlich von Plymouth und inmitten des Dartmoor, durch Wikingerangriffe beschädigt und musste restauriert werden. Ordulf, Graf von Devon, belohnte seine Arbeiter dabei mit Brot, das mit dicker Sahne und Erdbeermarmelade bestrichen war. Später wurde das Brot durch *scones* ersetzt – und der *cream tea* war geboren.

Und so tauche ich das Messer, nachdem ich den

ofenwarmen *scone* damit halbiert hatte, zuerst in das feste Schlagobers. Darauf kommt dann die zarte, geleeartige Erdbeermarmelade mit kleinen Fruchtstücken. Sie lässt sich leicht verstreichen, wie bei einem Marmeladebrot. Der buttrige Teig des *scones* ergänzt sich geschmacklich mit der kühlenden Fruchtkonfitüre. Köstlich.

Aber das ist natürlich nur eine Seite der *Scone*-Debatte. »Die Creme gehört nach oben«, sagt Bill Clark von der kornischen Molkerei Trewithen, als ich ihn per Zoom in seinem Büro erreiche. »Andersrum übertrumpft die Marmelade den Geschmack der *cream*, aber wenn die *cream* oben drauf ist, lässt sie immer noch genug Marmeladegeschmack durch«, erläutert er. Die Marmelade als untere Schicht verhindere zudem, dass die *clotted cream* auf dem warmen *scone* zu schmelzen beginnt. »Und natürlich«, ergänzt der Molkereichef, »sind wir auch einfach stolz auf unsere *clotted cream* und wollen sie sehen.« Er grinst. »Den Devonianern ist ihre *cream* offensichtlich peinlich.«

Zum Glück habe ich also noch einen zweiten *scone*. Ich umfasse ihn wie eine Autokralle ein zu schredderndes Auto – denn *scones*, weiß ich nun auch, werden nicht mit dem Messer halbiert (nie!), sondern auseinandergebrochen – und lasse das Gebäck in der Mitte auseinanderfallen. Es sind deutlich weniger Brösel. Die Marmelade lässt sich dann zwar leicht verstreichen, doch die *cream* verdrängt die Marmelade, lässt das Gelee zur Seite rutschen, ich muss sie nach oben packen und ende mit einer weiß-roten Mischung. Ästhetischer hat es vorhin ausgesehen. Aber vielleicht war die gekühlte *cream* auch einfach zu fest. Nach dem ersten Bissen muss ich Clarke dennoch recht geben: Der leicht nussige Geschmack des festen Schlagobers ist diesmal viel stärker herauszuschmecken, ergänzt das milde Gebäck und die süße Konfitüre zu einem harmonischen Dreiklang.

Wie hält es nun der Rest Großbritanniens mit der *Scone*-Bestreichung? Eine YouGov-Umfrage unter knapp tausendsiebenhundert Briten offenbarte: Einundsechzig Prozent orientieren sich an Cornwall und streichen Marmelade zuerst, nur einundzwanzig Prozent wählen die devonische Art mit *clotted cream* als Unterlage. Liegt das vielleicht auch daran, dass die kornische Methode vom englischen Königshaus präferiert wird? »Hast du das richtig herum gemacht?«, fragte König Charles vor ein paar Jahren, streng genommen also noch als Prinz, bei einem königlichen Event in Cornwall, als ein Bub mit einem Tablett *scones* vorbeiging, auf denen die *cream* unter der Marmelade aufgetragen war, berichteten gleich mehrere britische Medien. Aber natürlich war Charles siebzig Jahre lang Herzog von Cornwall. Doch auch die Queen soll sich stets an die kornische Variante gehalten haben: »Die Königin hat bei Gartenpartys im Buckingham Palace und bei allen königlichen Teepartys immer zuerst hausgemachte Balmoral-Marmelade mit *clotted cream* oben drauf gegessen«, verriet der frühere Küchenchef Darren McGrady in einem Tweet.

Scones verspeist und voll neuer Energie für einen abendlichen Spaziergang verlasse ich das Restaurant. Als ich am Smeaton Tower vorbeikomme, scheinen seine Farben im Dämmerlicht ineinander zu verlaufen. Aus erdbeerrot mit cremeweiß wird eins.

Zeit für den Seitenwechsel.

Nicht zu übersehen

Grenzen verschieben auf Cornwalls vergessener Halbinsel Rame

Wie ein Lasso schwingt der Fährmann das dicke Tau und wirft es dann geübt über den eisernen Poller am Admiral's Hard, zieht damit das Fährboot so nah an den steinernen Steg, bis der Spalt zwischen Boot und Festland leicht übersteigbar ist. Mit einem Kopfnicken gibt er den Passagieren auf der Fähre zu verstehen, dass sie nun vom Boot steigen können. Danach sind wir dran. Der Untergrund wackelt weniger als erwartet und das tieftürkisfarbene Wasser liegt spiegelglatt zwischen den Segelbooten. Rasch wirft der Kapitän den Motor an und das kleine Boot verlässt Plymouth wieder, braust zwischen Segelbooten rechter und den eindrucksvollen Gebäuden des Royal William Yard linker Hand übers Wasser – bis uns nach sieben Minuten ein vielversprechendes Ortsschild empfängt: »*Welcome to Cornwall*«.

Großteils kann der Fluss Tamar, der die natürliche Grenze zwischen Devon und Cornwall bildet, über eine kleine Brücke überquert werden, die einem im Auto manchmal gar nicht auffällt. Doch bei Plymouth ganz im Süden ist er dafür zu breit. Und so überbrückt Winter wie Sommer die Cremyll-Fähre die Distanz zwischen den Grafschaften. Eine natürliche Trennlinie, möchte man meinen – doch das war nicht immer so. Einst lag die Grenze zwischen zwei kleinen Fischerdörfern. Und die suchen wir nun auf.

Der Kies knirscht unter den Füßen, als es durch eine Baumallee zu einer ansteigenden Wiese geht, die den Blick auf eine Tudor-Villa freigibt: das rostrote Mount Edgcumbe House, seit dem 16. Jahrhundert im Besitz der gleichnamigen Familie, ist mit seinen dreihundertfünfzig Hektar Garten regelmäßig Drehort für jene deutschsprachige Serie, über die wir in Cornwall noch einige Male stolpern werden: Rosamunde Pilchers Liebesgeschichten. Doch wir lassen das Herrenhaus diesmal links liegen und marschieren stattdessen weiter bergauf.

Sie wird gern »vergessener« Teil Cornwalls genannt, die Halbinsel Rame im Osten von Cornwall. Sie ist nicht so lieblich wie das Cornwall des Südens, das man von Postkarten und Instagram kennt. Hier ist es rau und wild. An der Weggabelung vor einem kleinen Wald nehmen wir den linken Pfad, kommen zu einem Plateau und folgen dem Wiesenweg durch eine Herde grasender Schafe, vorbei an der St. Mary's and St. Julian's Church – und wissen dann nicht weiter. Der Wegweiser des Fußwegs deutet nach links, doch dort befindet sich nur ein von Hecken umzäunter Kiesparkplatz. »Es ist etwas unübersichtlich, oder?«, sagt die Frau im dicken roten Parka. »Nach Kingsand?«, fragt sie und ich nicke. Sie deutet auf eine Vertiefung in der Hecke, die parallel zur Straße läuft. »Sehen Sie das? Da geht der Pfad durch und dann einfach gerade weitergehen. Es kann nur sein«, ergänzt sie noch, »dass es etwas matschig ist.« Wenig später, durch die Hecke und dem dünnen Trampelpfad folgend, erkenne ich, was sie mit »leicht matschig« wirklich gemeint hat: Fröhlich sprudelt Wasser direkt im Pfad vor uns aus der Erde; der Weg ist zum Bachbett geworden, gluckert über die Kieselsteine und Erdklumpen. Also steige ich auf die dünne Grasböschung und versuche balancierend mein Bestes, nicht ins Wasser zu steigen. Es gelingt so mäßig.

Doch die stetig sich verbessernde Aussicht, die wilden Hügel und knorrigen Bäume, das glitzernde Meer und die knubbeligen Sträucher lenken von der misslichen Weglage ab. Bald landen wir wieder auf trockenem Weg unter dicken Eichen und stoßen dann auf den Kieselstrand linker Hand, während wir vor uns, eingekuschelt in eine Buchtmulde, die Zwillingsortschaften Kingsand und Cawsand ausmachen können.

Mit federndem Schritt betrete ich Kingsand. So nah sind die Häuser ans wilde Meer gebaut, dass bei hoher Flut das Wasser manchmal bis an die Fensterscheibe klatscht und beim Abebben eine Wand aus Seetang an der Hausmauer zurücklässt. Die Häuser sind klein und kompakt, einander in der quadratischen Statur ähnlich, aber unterschiedlich in der Farbe: satt steingrau erfrischend weiß oder lieblich rosa. Ein knallorangefarbenes Kajak ist senkrecht aufgestellt an eine Regenrinne gekettet und wirkt riesig, reicht seine Spitze doch bis ans obere Ende des Fensters im ersten Stock.

»Du musst das Halfway House besuchen«, meinte die Pensionistin, die ich im Hotelschwimmbad am frühen Morgen getroffen habe und mit der ich – wie könnte es anders sein – ins Plaudern gekommen bin. Doch das empfohlene Haus entpuppt sich als unauffälliges weiß getünchtes *pub*. Ist es einen Besuch wirklich wert? Doch dann verkündet Kellnerin Emily, als sie mir das *ginger beer* auf den Tisch stellt: »Wusstest du, dass du in Kingsand hereingekommen bist, aber jetzt in Cawsand sitzt?« Denn das Halfway House, das erklärt dann auch den Namen, sitzt exakt zwischen den zwei Dörfern. »Komm mit«, Emily führt mich in den ruhigen Garten hinter dem *pub* und zeigt auf ein Loch in der Mauer, durch den ein laut rauschender Bach zu sehen ist; der Grenzfluss. »Und der fließt unter dem Haus durch«, sagt Emily.

Einst hatte das Haus aber nicht nur zwei Dörfer, sondern zwei Grafschaften getrennt. Auf dem gegenüberliegenden Wohnhaus, das passenderweise »Devon Corn« heißt, hängt ein schwarzer Grenzpflock und weist darauf hin, dass die linke Haushälfte einst zu Devon, die rechte zu Cornwall gehörte. »Kingsand wurde nach dem englischen König benannt, dem das Land bis hierher gehört«, erzählt Joe Halliday im The Stores Cornwall, einem Kaffeehaus mit kleinem Delikatessenladen nur ein paar Schritte vom Halfway House entfernt, als er mir einen Cappuccino braut. »Und *caw* ist ein altes Wort für Kuh …« – »Weil den Kühen das andere Land gehörte?« – Er lacht: »So ähnlich.«

Trotz ihrer physischen Nähe und obwohl die Dörfer beide tief im Schmugglergeschäft steckten (oder vielleicht deswegen), herrschte viele Jahre große Konkurrenz; die einen waren streng kornisch, die anderen überzeugte Devonianer – bis 1844 die Grenze verschoben wurde und der Tamar die neue Grenzlinie bildete. Die Kingsander waren damit auf einmal auch Teil Cornwalls – und wollten das zunächst nicht wahrhaben. Sogar die Post nannte weiter Devon als zuständige Behörde. Doch heute würden die Bewohner wiederum ihre kornische Identität nicht mehr aufgeben. »Meine Großmutter«, erzählt Joe Halliday und muss grinsen, »hat geschrien und getobt, als sie für die Entbindung nach Plymouth gefahren wurde.« Denn Plymouth war in Devon und sie wollte aber doch eine richtig kornische Tochter; eine, die in Cornwall geboren war. Sein Kollege schmunzelt: Seine Frau habe sichergestellt, dass sie in Truro, dem einzigen Spital Cornwalls mit Geburtenstation, entbinden würde, obwohl dieses Spital eine gute Stunde von Kingsand entfernt liegt. Doch kornisch scheint ein Stempel, der bei der Geburt vergeben wird, den man sich weder durch langen Aufenthalt noch Fleiß erarbeiten kann. Die beiden Männer nicken. »Ich zum Beispiel«, fährt Joe fort. »Ich werde nie kornisch sein, weil ich in den Midlands aufgewachsen bin.« Er lächelt. Allzu betrübt ist er aber nicht. Vielleicht weil diese enge Gemeinschaft etwas seltsam Schönes hat, das man ehren und nicht infrage stellen möchte. Und vielleicht weil sowohl seine Großmutter als auch seine Mutter aus Cornwall kamen und er sich dieser Grafschaft insgeheim doch näher fühlt. Aber was heißt das eigentlich, kornisch zu sein? Die Männer denken kurz nach. Man sei jedenfalls nicht englisch, erklären sie dann. Irgendwie ausgesetzt, entfernt, isoliert. Man sei mehr keltisch und fühle sich also den Walisern, den Schotten, den Iren mehr verbunden und teilt mit ihnen die alte keltische Sprache: Kornisch ist heute noch in Namen und Ortsbezeichnung präsent. Das »Porth«, etwa am Beginn von Porthcurno, heißt Bucht oder Eingang. Das »Pen« in Pencanze bedeutet Hügel. Eigentlich galt die Sprache vor rund zweihundert Jahren bereits als ausgestorben, doch die Kornen sind so um ihre kulturellen und sprachlichen Werte bemüht, dass die UNESCO 2009 Kornisch wieder auf »Vom Aussterben bedroht« hochstufte. Von den Häusern weht hier auch nicht das englische Georgskreuz, sondern die Saint Piran's Flag. Das weiße Kreuz auf schwarzem Hintergrund erinnert an eine Piratenflagge und ist ein weiteres Symbol dafür, dass dieser Landzug weniger englische Grafschaft als eigenes Land ist. »Man ist«, sagt Joe, »eigen. Durch die Sprache, die Kulinarik und die Mythen.«

Zerklüftet, zeitlos, zauberhaft

Eintauchen in die mittelalterliche Magie von Tintagel

Als ich nach dem Abendessen aus dem Herrenhaus trete, steht ein Wolfshund vor mir.

Zum Glück nicht direkt vor mir, es sind wahrscheinlich ein paar Dutzend Meter. Er steht im schwachen Kegel der Straßenlaternen, in dem das Gras um ihn smaragdgrün schimmert. Das Tier starrt mich an, zumindest direkt in meine Richtung. Regungslos. Bereit für die Attacke? Ich zögere. Soll ich umkehren, zurück ins sichere Haus? Es ist still auf dem Vorplatz. Die meisten Gäste sind angekommen; die Vorhänge zugezogen. In der Tiefe zerschlägt sich der Atlantik an den scharfen Felsen der Westküste. Was macht ein Hund allein in der Nacht? Wo ist der Besitzer? Hat er überhaupt einen Besitzer? Es könnte ein Wildhund sein; wir sind in äußerst ländlichem Gebiet; die kleinen weiß-grauen Häuser schmiegen sich eng an die Hauptstraße. Dahinter beginnt die kornische Abgeschiedenheit. Aber gibt es in Großbritannien überhaupt Wildhunde? Ich blinzle noch einmal. Da bewegt sich das Biest, es hebt die Vorderbeine, dreht den Kopf, kommt näher und … entpuppt sich als Schaf. Ich muss vor Erleichterung lachen, meine Stimme hallt über die Ebene und das Schaf stiebt davon. Ein Trick der Nacht.

Es muss noch finsterer gewesen sein, als der Reiter ankam. Damals. Die Wächter am Tor ließen ihn ohne Zögern passieren; senkten vielleicht ehrfurchtsvoll die Köpfe. Es war immerhin der Herrscher persönlich, Gorlois, Herzog von Cornwall, der seine Ehefrau Igraine hier in dieser Festung in Sicherheit gebracht hat, dachten sie. Doch in Wahrheit war es nicht Gorlois, der nach Tintagel zurückkehrte, sondern sein Feind Uther Pendragon; vom Zauberer Merlin als Herzog von Cornwall getarnt, um Igraine zu finden und die Liebe nach ihr zu stillen, die Leidenschaft, die entflammt war, als er sie bei einem Festmahl sah. Und so stahl sich Uther – mit einem Trick der Nacht – nun als Gorlois verkleidet, in die Festung und zeugte mit Igraine in dieser Nacht Artus.

So lautet jedenfalls die Legende von Tintagel; so schrieb es der Schriftsteller Geoffrey von Monmouth im 12. Jahrhundert und schenkte den Engländern in Zeiten der Unruhe und Zerstreutheit die Sage eines mächtigen Kriegerkönigs. Damals, nach dem »ersten Brexit«, wie es Win Scutt bezeichnet, schmunzelt und sich dann schnell korrigiert; als Kurator von »English Heritage«, der rund hundertvierzig historische Stätten betreut, will er akkurat sein: »Es war natürlich nach den Römern. 410 nach Christus.« Damals brachen die Handelswege zusammen und ohne die Hilfe der römischen Armee stürzte England in dunkle Zeiten. Vom Norden kamen die Pikten und Schotten, vom Meer die Angeln und Sachsen. Selbst im westlichen Reich der Kelten, in Dumnonia (das heutige Cornwall und Devon) war man nicht sicher.

Und so befand sich die Festung vielleicht deswegen an einem Ort, der schwer einzunehmen war.

Denn, so beschreibt es Uther in Monmouths »De gestis Britonum« (»Über die Taten der Briten«) seinem Freund Ulfin: Die Festung sei »hoch über dem Meer gebaut, das sie von allen Seiten umgibt, und es gibt keinen anderen Zugang als den, der durch einen schmalen Felsen führt. Drei bewaffnete Soldaten könnten es gegen dich halten, selbst wenn du mit dem ganzen Königreich Großbritannien an deiner Seite dastehen würdest.«

Der Pfad ist leicht rutschig, als wir am nächsten Morgen das King Arthur Café und mehrere kornische Bäckereien im Dorf Tintagel passieren, bevor wir die steil hinabführende Abzweigung in Richtung Schloss nehmen. Von der Halbinsel Rame sind wir dafür eine gute Stunde nordöstlich bis an die Westküste Cornwalls gebraust. Das violette Heidekraut liegt wie eine dicke Decke über dem Gras, säumt den Weg zur Küste. Die Luft schmeckt wild und salzig; der Himmel ist tiefblau und gibt der Landschaft eine befreiende Tiefe.

Nach wenigen Gehminuten bergab stoßen wir auf die steinernen Überreste einer Burg. Die verwitterten, flach übereinandergestapelten Steinplatten wirken ausgefranst, als hätte der Wind nach und nach kleine Teile der Festung herausgezupft. Imposant wirkt dieses Gebäude, das doch nur eine Ruine ist; eindrucksvoll, mächtig.

Doch wir stehen jetzt gar nicht vor der frühmittelalterlichen Festung, auf der einst König Artus gelebt haben könnte – auch wenn das immer wieder Besucher glauben.

Die Ruine, in deren Innenhof wir nun stehen, ist die Burg von Richard, Graf von Cornwall und

Bruder von Heinrich III., der später römisch-deutscher König werden sollte. Er tauschte im 13. Jahrhundert drei seiner Landgüter gegen dieses kleine Stück Land an der kornischen Küste. Nicht, dass den reichsten Grundbesitzer Englands dieser nachteilige Tausch allzu sehr geschmerzt haben dürfte. Aber wieso war er dazu bereit? Es umfasste kaum mehr als eine isolierte und unwirtliche felsige Landzunge, die lediglich über eine schmale Landbrücke mit dem Festland verbunden war. Der Schlüssel liegt wohl in der Artus-Sage, die im Mittelalter mit dem Standort verbunden war. Sich als Nachfahre eines großen Kriegerkönigs zu stilisieren, war wohl so eindrucksvoll, dass Graf Richard dafür sogar die abgeschiedene Lage in Kauf nahm.

Wir überqueren eine massive Brücke aus Metall und Stein, die erst 2019 errichtet wurde, um das Festland mit dem kleinen Kap zu verbinden. Zuvor hatte man die Steinstufen nehmen müssen, die sich wie ein Schneckenhaus den Hang hinab- und auf der anderen Seite wieder hinaufwinden.

Unter uns brandet das Meer an die Felsen; über uns spielen die Möwen im Wind und vor uns erhebt sich ein steinerner Grashügel. Auf dieser Landzunge, diesem noch entlegeneren Stück Land befand sich nun die mögliche Festung von König Artus. Und es ist diese viel ältere, für Win Scutt weitaus faszinierendere Stätte, die 600 nach Christus größer war als London, die den Kurator von English Heritage dazu veranlasste, die umfangreichste Ausgrabung seit Jahrzehnten zu starten. Auch wenn er klarstellt: »Es war nicht unser Ziel, zu beweisen, dass Artus hier gelebt hat.« Sein Blick wird ernst.

»Das wäre schlechte Archäologie.« Die Verbindung zu Artus sei eine rein literarische, sagenhafte. »Archäologie kann nie die Existenz bestimmter Individuen beweisen.« Doch die Ausgrabungen können Aufklärung über die Art und Weise geben, wie die Menschen damals lebten.

Wir kommen vorbei an niedrigen, grasüberwachsenen Steinmauern. Bis 1933 waren sie von Geröll bedeckt. Dann wurde der berühmte Archäologe Ralegh Radford gebeten, die Artus-Sage zu überprüfen. Der Forscher war skeptisch, glaubte nicht an die Geschichte. Und so bedeutet es umso mehr, dass er 1935 in einem ersten Zwischenbericht zu dem Schluss kam, er sei auf die Überreste eines frühkeltischen Klosters gestoßen. Seine Meinung über die Artus-Legende änderte sich durch die Arbeit in Tintagel grundlegend; er sollte anschließend sogar in Glastonbury Abbey nach dem Grab von König Artus suchen.

Der Wind zieht an den Haaren, als wir dem schmalen Pfad entlang der Klippen folgen und links und rechts immer wieder auf Überreste einer vergangenen Zivilisation stoßen. Auf halbem Weg um die Landzunge, am nordwestlichen Zipfel des Inselplateaus, erwartet er uns dann. Eine Menschentraube verstellt zunächst den Blick; ist es doch das vielleicht beliebteste Fotomotiv der Stätte: der zweieinhalb Meter große Kriegerkönig aus Bronze mit Umhang und Krone, der sich auf sein Schwert stützt. Die Lücken in der Skulptur lassen ihn mit der Umgebung verschmelzen, eins werden mit der rauen Küste, das Gespenst einer Legende. Schnell denkt man bei der patinierten Bronzestatue an König Artus und sein Schwert Excalibur. Doch Künstlerin Rubin Eynon nannte die Statue »Gallos«, das kornische Wort für Macht, und blieb damit bewusst vage. Ist es vielleicht König Mark? Oder gar Tristan selbst?

Denn die Legende von König Artus ist nicht die einzige, die sich um Tintagel rankt. Vor allem im Mittelalter, als Tintagel von Monmouth lediglich als Ort von Artus' Zeugung bekannt war (erst drei Jahrhunderte später etablierte sich das Verständnis, dass Artus auch hier regiert haben könnte), war eine andere Sage präsent. Tintagel, so verstehen es Historiker heute, war der Sitz von Mark, König von Cornwall, und somit von jenem Königshaus, an dem die tragische Liebesgeschichte von Tristan und Isolde stattgefunden haben soll. Ritter Tristan reist in der Geschichte nach Irland, um im Namen seines Onkels Mark um die Hand der schönen Isolde anzuhalten. Auf der Überquerung nach Cornwall trinken die beiden einen Liebestrank, der für Mark und Isolde bestimmt war, und das Drama nimmt seinen Lauf …

Wir setzen die Umrundung der Insel fort, spazieren durch den ummauerten Garten, in dem Mark das Liebespaar Tristan und Isolde belauscht haben soll, und kommen über den Südterrassen zu stehen. Auf diesen Terrassen, auf einem Areal in der Größe eines Tennisfelds, haben die jüngsten von Win Scutt geleiteten Ausgrabungen stattgefunden. Vierzig Personen, Archäologen und Freiwillige, die mitunter aus Kanada anreisten, durchkämmten fünf Wochen lang jeden Zentimeter, bürsteten, klaubten, hoben an. Doch die tatsächliche Arbeit begann danach. Drei Jahre würde es pandemiebedingt dauern, bis alle der Funde untersucht und katalogisiert waren. Die knapp zweitausend gefundenen Scherben von Töpferware begeistern Win Scutt besonders. Sie kommen laut Universitätsprofessorin Maria Duggan aus der Türkei, Griechenland, teilweise aus Tunesien, dem früheren Byzantinischen Reich. Es waren große Amphoren, die wohl für den Handel benutzt wurden. Und Schüsseln von Festmahlen. Dazu kommen Glasscherben aus Frankreich und Spanien, die zu edlen Trinkbechern gehörten. Tierknochen, die darauf schließen lassen, dass hier geschlachtet wurde. All das Zeichen, dass hier eine Elite gelebt hat.

Sehen können wir das nicht. Alles, was freigelegt wurde, wurde anschließend wieder mit Erde und Gras zugedeckt. Das dient zum einen dem Schutz der historischen Gebäude: Wind und Wetter würden die alten Steinmauern rasch abtragen. Zum anderen sollen Besucherinnen und Besucher nicht angeregt werden, auf die gefährlichen Klippen zu steigen, die Stätte selbst zu erkunden und sich dadurch möglicherweise verletzen.

Den Weg zurück aufs Festland nehmen wir nicht über die Brücke, sondern über den alten gewundenen Stufenpfad. Wuchtig fährt das Meer in die Felsen, zerschellt auf dem Stein, zieht sich aufgeregt schäumend zurück, während wir immer weiter hinabsteigen. Denn man hat Tintagel nicht gesehen, ohne das Meer zu erkunden. Als wir die sandige Bucht erreichen, ist sie komplett mit Wasser bedeckt. Und so können wir nur hinspähen zu einer Grotte, in der einst vielleicht nicht nur Güter verwahrt wurden. *Wave after wave, each mightier than the last,* beschreibt Alfred Lord Tennyson die Wucht der Bucht in seinem Gedicht »The Coming of Arthur«: Die Wellen, voll Stimmen, stiegen und stürzten dann wieder ein, bis die neunte Welle in Flammen stand und aus den Flammen ein nacktes Baby geboren wurde. Ein Baby, das zu Merlins Füßen getragen wurde; ein Neugeborenes, das der Zauberer aufnahm und rief: »Der König!«

Ein Haus zum Verlieben

Wie der Landsitz von Padstow zum deutschsprachigen Filmstar wurde

Ganz leicht außer Atem erscheint Nicholas Prideaux-Brune im Türrahmen der Landhausküche. Er nimmt eine Dose Coca-Cola aus dem Kühlschrank. »Für den Zucker«, erklärt er, wie entschuldigend, und setzt sich an den robusten Esstisch, an dem mir seine Ehefrau Martha kurz zuvor eine Gemüsesuppe serviert hatte. Das Mittagslicht fällt durch die großen Fenster, es riecht nach frischer Petersilie und warmem Holz. »Bitte entschuldige die Verspätung, es gab einen Vorfall mit dem Damwild …«

Bei den Aufgaben eines Gutshausbesitzers – oder im Fall von Nick, denen des ältesten Sohnes – denkt man schnell an *cream tea* im Goldservice, an Jagdgesellschaften in weiten Ländereien oder an Galadinner in Frack und Abendkleid. Nicholas muss bei der Aufzählung lachen. Sein Alltag sieht doch etwas anders aus: »Nachher muss ich Zahlen in eine Excel-Tabelle eintippen und Dokumente für eine Baugenehmigung zusammensuchen. Und dann kommen immer irgendwelche Notfälle dazwischen. Wie mit dem Damwild. Oder vor einigen Tagen, da musste ich zum Strand hinunter, um eine Robbe zu bergen.« Er nimmt den letzten Schluck aus der Aludose, zuckt mit den Schultern. »Jeder Tag ist anders.«

Nick erhebt sich vom Küchentisch und wir verlassen den Raum. Er möchte den Rundgang an seinem Lieblingsplatz beginnen; jener Ansicht, die man möglicherweise am besten kennt. Wir spazieren also durch das Tor mit der Holztür aus dem Jahr 1592, die noch über den originalen schmiedeeisernen Schlüssel verfügt (der bei Touren aber nicht mehr zum Einsatz kommt, seit er sich verkeilt hat und Besuchergruppen über den Hinterausgang aus dem Haus gelassen werden mussten). Wir kommen vorbei an Gartentischen, an denen Touristen bei Schwarztee und *scones* auf die nächste Führung warten. Wir passieren die Kieseinfahrt, aus der ich gerade eben angereist bin. Von Tintagel bin ich dafür eine Dreiviertelstunde südlich der Westküste gefolgt, bis ich am Ende der bunten Küstenstadt Padstow scharf rechts abgebogen und durch das Tor gerollt bin. Wir streifen nun durch die Wiese – und drehen uns um. Und tatsächlich: die hellgraue Steinmauer mit dem ovalen Vorbau, die historischen Zinnen, die spitzen, verschnörkelten Fensterläden, der wilde Wein, der scharlachrot an der Hausmauer hinaufklettert. All das ist auf seltsame Art vertraut, obwohl es doch mein erster Besuch in diesem Haus ist.

Denn die Ansicht dieses englischen Anwesens ist seit 1993 Dutzende Male über die Bildschirme deutschsprachiger Haushalte geflimmert. Und so habe ich sie wohl an einem Sonntagnachmittag auf der Couch meiner Oma gesehen. Vielleicht in »Blumen im Regen«, wenn es Wohnsitz der Shiplays ist, in »Das Geheimnis der weißen Taube«, wenn es der Familie Willoughby gehört oder in »Der gestohlene Sommer« als Zuhause von Familie Rosemore. Tatsächlich heißt das englische Herrenhaus jedoch Prideaux Place, ist seit vierzehn Generationen in Familienbesitz und einer der beliebtesten Drehorte der deutschen Rosamunde-Pilcher-Spielfilmreihe.

Rund einmal im Jahr reist die Produktionsfirma immer noch an. Das Anwesen ist aber nicht nur nobles Privathaus, manchmal gibt es sich auch als Gin-Destillerie oder Frühstückspension aus. In »Das Geheimnis der weißen Taube« wird etwa Auktionatorin Stella (dargestellt von Ivonne Schönherr) hier zur Testamentseröffnung geladen und denkt sich bei dem Ort zunächst nicht viel. Doch bei ihrer Ankunft läuft ihr dann ein kalter Schauer über den Rücken, die knarrende Eingangstür öffnet sich wie durch Zauberhand, plötzlich erscheint Butler James in der dunklen Eingangshalle und spricht sie fälschlicherweise mit »Countess Willoughby« an.

Durch die massive Holztür treten wir nun wieder, spazieren durch den Vorraum. Riesige Porträts früherer Besitzer im Goldrahmen schauen auf uns herab. Die rotbraune Kommode ist mit feinem Porzellan und kleinen Bilderrahmen vollgestellt. In »Blumen im Regen« ist diese Eingangshalle der Wohnbereich und Ort, an dem die mysteriöse Sheila (Katja Woywood) mit verstauchtem Knöchel versorgt wird. Das helle Gesellschaftszimmer mit den hohen Fenstern und den salbeifarbenen drapierten Vorhängen samt Goldbordüre, durch das man am Ende der Eingangshalle gelangt, ist in der gleichen Episode Hintergrund der kleinen Geburtstagsfeier von Großmutter Helen (Winnie Markus). Als ich mir den Film am Abend im Hotelzimmer ansehe, werde ich den Raum erkennen: die weite Terrassentür, die in den Garten führt, der steinerne Kamin mit dem eleganten Spiegel, die Stuckfassade an der Decke. Surreal, mitten im Drehort gestanden zu sein.

Doch nicht nur das Landhaus ist regelmäßig im Bild – auch sein Hausherr. »Es wurde zur Tradition, dass ich eine kleine Rolle spiele«, sagt der neunundsiebzigjährige Peter Prideaux-Brune, Nicks Vater, den wir im Morgenzimmer antreffen. »Ich war fast alles: Gerichtsmediziner, Chauffeur, Pfleger. Aber am lustigsten«, er lehnt sich im Ohrensessel etwas weiter nach vorne, »war die Rolle als Milliardär. Dafür habe ich den Bentley aus der Garage geholt und meine Frau dazu gebracht, mich vor den Eingang zu fahren. Ich bin hinten gesessen, habe das Fenster heruntergekurbelt und gesagt: ›Ich biete sieben Millionen.‹« Er schmunzelt. »Aber der Besitzer (im Film) lehnte ab. Also musste ich noch ein zweites Mal vorfahren und diesmal erklärte ich: ›Ich biete zwanzig Millionen, letztes Angebot!‹ Und da willigte er dann ein. Wir haben so viel Spaß mit den Filmteams hier.«

Die Serie ist aber auch ein Erfolgskonzept. Im September 2023 wurde die hundertsiebzigste Folge von vier Komma drei Millionen deutschen Zusehern verfolgt. »Es ist einfach die ideale Kombination aus Romantic Comedy gepaart mit dem Sehnsuchtsort England«, analysiert Jan-Hendrik Bakels, Professor der Filmwissenschaften an der Freien Universität Berlin. Ein Liebesdrama mit effektivem Twist und kathartischem Happy End in der heilen Welt der englischen Aristokratie. Dabei gehe es jedoch weniger um einen konkreten Ort als um eine Idee: Eine

Landschaft, die anders ist als die bekannte, nicht zu exotisch und gleichzeitig etwas mythisch: steile Klippen, weite Felder im Nebel, abgelegene *cottages*.

Ein Zufluchtsort, den so viele Fans in echt sehen wollten, dass deutschsprachige Gäste laut *Guardian* zwei Drittel aller Besucher in Cornwall ausmachen. Im Herrenhaus Prideaux Place kommen drei Viertel aller Bustouristen aus Deutschland. »Wir haben deshalb drei deutschsprachige *guides*«, sagt Peter Prideaux-Brune. »Aber es ist ein heiß umkämpftes Pflaster.« Immer wieder würde eine andere Attraktion sie ihnen wegschnappen wollen.

Nach dem Herrenhaus besuchen die Besucher dann auch gerne das umliegende Dorf Padstow. Ein Küstenort, in dessen Hafen kleine Boote wippen, durch dessen Gassen am 1. Mai die bunte Prozession des Obby Oss Folklorefestival pilgert und in dessen Restaurants man exquisite Küche findet. In der Nummer 6 der Middle Street befindet sich etwa das Michelin-Restaurant von Paul Ainsworth; im ersten Stock darüber die feine Ci Ci's Cocktailbar. Und der britische TV-Koch Rick Stein, der hier seine Karriere startete, kann mit gleich drei Lokalen aufwarten: einem Café, einem *Fish'n'Chips*-Lokal und seinem allerersten, dem Seafood Restaurant mit heller Einrichtung, türkisen Sitzbänken und bunten Gemälden an der Wand. Die Tische sind normalerweise lang im Voraus ausgebucht. Doch ich werde Glück haben und mich für ein schnelles Abendessen an die Bar setzen dürfen. Das noch warme Sauerteigbrot zum Gedeck wird so resch sein, dass es in England seinesgleichen sucht, das schwarze Risotto mit Tintenfisch herzhaft und erfrischend zugleich und der von Rick Stein empfohlene Rioja-Wein mit seinen Brioche-Noten an Champagner erinnern. Danach wird es mit Leichtigkeit durch die schmalen Gassen und vorbei an den Steinhäusern zurück zum Auto gehen. Aber das kommt später; noch sind wir mitten im Pilcher-Herrenhaus.

Fast wäre das Landhaus bei Padstow mit seinen einundachtzig Zimmern und einem der ältesten Damhirsch-Gehege des Landes aber gar nicht Drehort geworden. Ein Location-Manager fasste beim Scouting in den Neunzigern neben Prideaux Place ein weiteres Herrenhaus in der Grafschaft Somerset ins Auge und entschied sich dann für Zweiteres. »Schade«, sagte Hausherr Peter damals und lud das Team dennoch auf ein Getränk ein. »Das gebietet die Höflichkeit.« Doch dann habe sich der Besitzer des anderen Anwesens als kompliziert entpuppt. Er wollte weder dass Möbel verschoben noch dass Wände gestrichen werden. Der Standortsucher erinnerte sich an die Getränke in Padstow – und änderte seine Meinung.

Hier durften dann also Wände gestrichen werden? »Aber ja«, Peter nickt. »Das ist kein Problem, solange danach alles wieder in den Originalzustand zurückversetzt wird.« Ganz stimmt das aber nicht: Der gemusterte Steinboden im Eingangsbereich war eigentlich einfarbig beige und wurde für die Shakespeare-Verfilmung »Twelfth Night« (»Was ihr wollt«) in Ocker-, Rostrot- und Brauntönen bemalt. »Das hat so gut gepasst, dass wir es behielten«, erzählt Nick und führt mich zu einem versteckten Platz neben dem Treppenabsatz. Er deutet auf jene Fliese, auf der sich die vier Crewmitglieder verewigt haben. Auch Nicks Name ist dabei. »Ich war damals achtzehn Jahre und Teil der Crew. Es war wahnsinnig aufregend.«

Doch die meisten Veränderungen für einen Dreh sind von kurzer Dauer. Scheinwerfer auf Kränen vor den Fenstern, um bei Innenaufnahmen Sonnenlicht zu suggerieren. Neue Gartentische für Sommerpartys auf dem Rasen. Viele kleine Tische im dunklen *dining room*, um ihn zum Restaurant zu machen. Oder das ovale Gesellschaftszimmer als Schlafzimmer. Im Gesellschaftszimmer gab es auch einmal eine wilde Party, bei der überall Champagner spritzte. »Das war für einen Kinofilm; ich glaube ›Bad Education‹.« Hatte er keine Sorge, dass etwas passieren könnte? Nick schüttelt den Kopf. »Die Szenen werden in kleine Takes heruntergebrochen; in Wahrheit läuft alles sehr kontrolliert ab. Und wir haben gelernt, dass wir Filmteams vertrauen können. Man muss nur im Vorhinein klare Grenzen setzen. Wenn sie zum Beispiel eine Party drehen möchten, wollen wir wissen, wie sie das Haus schützen.« Im Laufe der Jahre sind unzählige Filmteams angereist, doch die Pilcher-Crew hat einen besonderen Stellenwert. Sie sind die Einzigen, die im Sommer kommen dürfen, wenn das Haus auch für Besucherinnen und Besucher offen steht. »Das hat aber auch schon für Verwirrung gesorgt«, gibt Nick zu. »Einmal ist ein Schauspieler für eine Szene vor dem Haus zusammengebrochen. Touristen sind besorgt hingelaufen – und der Dreh musste gestoppt werden.«

Wir steigen die weite Treppe hinauf in den ersten Stock, vorbei am Gemälde von Jane Austens Urgroßnichte (die Nicks Ururgroßmutter ist) und am Porträt der Grünen Lady, die im Haus immer noch ihr Unwesen treiben soll. Bis wir ins Südzimmer kommen, in dem Peter Prideaux-Brune mit Rosamunde Pilcher geplaudert hat, als sie das Herrenhaus für den Dreh der hundertsten Folge besuchte. »Sie war so lustig, so liebenswert«, erinnert sich der Hausherr. »Obwohl ich sie zum ersten Mal traf, musste ich sie am Ende umarmen.«

In einem nächsten Pilcher-Film ist für das Herrenhaus nur eine kleine Rolle angedacht. Das Team wird im Herbst anreisen. Ganz, meint der Hausherr, wollte man sie einfach nicht auslassen.

Blätter der Ruhe, Blätter der Kraft

Wie die kornische Hauptstadt die Geburtsstätte englischen Tees wurde und welche kornische Spezialität gar nicht aus Cornwall stammen könnte

Jonathon Jones schiebt die aufgekrempelten Ärmel seines weißen Hemdes ein wenig weiter nach oben, geht in die Knie, lässt die flache Handunterseite über die Blätter vor sich gleiten und zückt sein schwarzes Notizbuch. »Interessant«, murmelt der Brite fasziniert. »Ich war doch bloß eine Woche weg, es sind so viele kleine Stämme in die Höhe geschossen.« Er deutet auf die Stelle, an der ein paar Äste ungeduldig aus der dichten Staude hervorstechen. »Und dann dieser kleine Mückenschwarm nur über diesem einen Busch.« Mit Fingerspitzen packt er eine davon in sein Notizbuch. »Das muss ich mit meinem Biologen besprechen …« Sein Blick wandert über die moosgrünen Buschreihen, die den Hang parallel hinunterlaufen wie in einem Weingarten. Doch bei dieser Pflanze werden nicht die Früchte geerntet – sondern ihre Blätter. Genauer gesagt: die weiche, oberste Schicht der Camellia sinensis, die auch als Teebaum bekannt ist.

Wenngleich kaum ein Getränk derart mit dem Land in Verbindung gebracht wird wie der Tee: man denke an *afternoon tea* mit Earl Grey, ja in der Sorte English Breakfast Tea steckt er sogar im Namen. Und wenngleich es mit sechzig Milliarden Tassen im Jahr bis auf Wasser kein Getränk gibt, das die Briten mehr konsumieren, gab es bis vor der jüngsten Jahrtausendwende tatsächlich keinen englischen Tee. Denn die Pflanze mag es heiß und feucht, wie es (sub)tropische Regionen bieten. Und so etablierten sich Länder wie China, Indien, Sri Lanka und Kenia als große Teeproduzenten. Doch seit einem Vierteljahrhundert wissen wir, dass auch ein kleiner Landschaftsabschnitt in Cornwall über das passende Mikroklima verfügt. Um das näher kennenzulernen, sind wir von Prideaux eine Dreiviertelstunde in den Süden gefahren, vorbei an Trekenning und Trevarren, bis wir bei Truro, der Hauptstadt Cornwalls, auf eine bewaldete Landstraße abbogen und die letzten hundert Meter langsam rumpelnd vorankrochen, um auf einem weiten Vorplatz neben einem rostfarbenen Wellblechgebäude anzuhalten. Wir sind in Tregothnan, Großbritanniens einziger Teemanufaktur.

Das Abenteuer des englischen Tees begann damit, dass Lord und Lady Falmouth vor der Frage standen, die sich den meisten Besitzern älterer Anwesen einmal stellt: Wie sollten für das siebenhundert Jahre alte Tregothnan künftig Gelder lukriert werden? Das Haus dem National Trust oder English Heritage überschreiben, wie es viele taten? Das wollten sie nicht. Stattdessen würden sie etwas Verrücktes probieren. Das Wetter in Cornwall ist an sich besonders mild, doch Tregothnan bietet zusätzlich eine außergewöhnlich salzarme Luftfeuchtigkeit. Die kommt, erläutert Greg Springer, kaufmännischer Leiter von Tregothnan, vom nahe gelegenen und mit achtzehn Metern äußerst tiefen

Fluss Fal und verhindert Frost: »Es gibt Tage, da haben wir hier oben am Anwesen Schnee, aber in unseren Teegärten am Fluss ist es fünf oder sogar sechs Grad wärmer.« Und genau dieser Unterschied mache den Anbau möglich.

»Tee?«, lautet dann seine typisch britische Frage, die auszuschlagen in jedem englischen Haushalt unhöflich, aber hier wohl Kardinalfehler wäre (nicht, dass ich das vorgehabt hätte). Meine Lieblingsteesorte, der Earl Grey, stellt sich hier als besonders passende Wahl heraus. »Lord Falmouth ist nämlich der achte Urenkel von Sir Charles Grey«, verrät Greg, als er mit einem Tablett samt dampfendem Heißgetränk zurückkommt. Jenem Premierminister aus dem 19. Jahrhundert, dem die Teesorte ihren Namen zu verdanken hat. Gibt es ein besseres Omen für einen englischen Teegarten?

Auftritt: Jonathon Jones. Mit rasantem Bremsmanöver kommt der Teedirektor in einem klapprigen Land Rover neben uns zu stehen und bittet mich einzusteigen. Als Lord Falmouth die Idee mit dem Tee kam, arbeitete Jonathon bereits zwei, drei Jahre auf dem *estate*. Die Teepflanze Camellia sinensis, die in England eigentlich nur wegen ihrer feinen Blüten gepflanzt wird, war in Tregothnan zu dem Zeitpunkt bereits etabliert. Immer wieder hatten Biologen, die das Anwesen wegen seiner exotischen Pflanzen aufsuchten, darauf aufmerksam gemacht, dass die Camellia aufgrund der milden Lage vielleicht sogar für den Teegewinn genutzt werden könnte. Also besuchte Jonathon mithilfe des Nuffield Stipendiums zwei Jahre lang so viele Plantagen, wie er konnte. Er reiste bis nach Darjeeling (der

Champagne des Tees) und wieder zurück; erkundete, lernte, notierte. Und parkt den Land Rover nun an einer Baumallee vor dem ersten Teegarten. Nach ersten Anpflanzversuchen, fährt er fort, während wir durch die Reihen schreiten, konnte 2005 das erste Mal geerntet werden – ganze achtundzwanzig Gramm Tee. Er muss lachen. »Ja, am Anfang sind uns acht von zehn Büschen eingegangen. Aber ich war begeistert. Denn das hieß ja im Umkehrschluss, dass zwanzig Prozent aufgingen.« Also wurde weiter adaptiert, umstrukturiert, experimentiert.

Die Camellia, erkannte Jonathon rasch, möchte es warm und geschützt. Sonnenlicht ist nicht essenziell, aber unabdingbar ist der richtige, aufgelockerte Boden. Und dabei ist die Frage entscheidend: Was ist zuvor auf dem Feld gewachsen? »Ganz oft ist die Antwort: Narzissen. Cornwall ist nämlich der größte Narzissenbauer Englands. Und Narzissen sind super, außer man möchte danach etwas auf dem Feld pflanzen. Auf den früheren Narzissenfeldern haben wir nicht nur achtzig, sondern überhaupt gleich neunundneunzig Prozent verloren.« Jonathon lacht. »Aber zum Glück gibt es Pflanzen, die den Boden wieder auflockern. Die Kamille ist so. Oder«, er deutet auf ein ockerbraunes Feld am gegenüberliegenden Flussufer. »Buchweizenkraut. Das ist genial.« Obwohl er auch hier erkennen musste: Buchweizen ist nicht gleich Buchweizen. »Auf einem Feld, auf dem uns der Tee eingegangen ist, haben wir Buchweizen angepflanzt und das hat total viele Bienen angezogen und wir haben uns gedacht: Super, Bienen sind toll. Im nächsten Jahr haben wir dann einen anderen Buchweizen verwendet. Mit dem Resultat: keine Bienen. Man kann das echt nicht erfinden.« Jonathon schüttelt den Kopf.

Doch die Rückschläge können ihn nicht entmutigen; das Tüfteln macht Spaß. Voll Stolz bleibt er am Ende eines Feldes neben einem quadratischen, flachen Gefährt mit hohem Boden stehen: »Das ist Teabot. Wir haben ihn erfunden. Er sieht nicht sehr anspruchsvoll aus, aber er ist unglaublich. Er ist der welterste solarbetriebene Tee-Ernter.« Zwei Jahre brauchte es für Planung und Umsetzung. Nun passt er exakt über eine Buschreihe und sammelt pro Meile eine Tonne Teeblätter. Rund zwanzigtausend neue Camellia-Stauden werden in Tregothnan pro Jahr weiterhin gesetzt. Und aus den bereits etablierten vierzig Hektar werden Teeblätter für drei Millionen Beutel gewonnen. Damit kommt die Manufaktur auf ganze 0,02 Prozent der weltweiten Teeproduktion. Die Verarbeitung ist klassisch: Die gezupften Blätter werden verwelkt, gewalzt, oxidiert und getrocknet, erklärt der Tee-Direktor, während es im Auto ziemlich steil bergab zu einem besonderen Grünschnitt geht.

Erstehen kann man den englischen Tee in noblen Kaufhäusern wie Fortnum & Mason, in ausgewählten Fünfsternehotels oder direkt im Onlineshop. Anlässlich der Krönung von King Charles wurde die Sonderedition »His Majestea« gebraut. Ein Wortspiel, über das der König schmunzeln musste, als Greg Springer ihm eine Dose überreichte. »Und ein bisschen gerührt war er, als ich ihm gesagt habe, dass wir Blätter von dem Strauch verwendet haben, den sein Vater gepflanzt hat.«

»Das ist dieser Baum«, sagt Jonathon und deutet auf einen buschigen Strauch vor einem üppigen Rhododendron in einem japanisch anmutenden Teil des Gartens. Prinz Philip hatte das Anwesen 2014 besucht und dabei einen Teebaum gepflanzt, dessen Blätter auch für den Hochzeitstee von Prinz Harry und Meghan Markle verwendet wurden.

Jonathon tritt etwas näher an den Baum, er schiebt die Ärmel etwas weiter nach oben und beugt sich noch einmal nach unten. Um das Schild, das auf den königlichen Teebaum hinweist, schießen junge, hellgrüne Sprösslinge aus dem Boden; ungewöhnliche Triebe von Samen, die wohl Vögel abgeworfen haben. »Also das habe ich noch nicht gesehen«, sagt er, einmal mehr begeistert von einem kleinen Detail. »Vielleicht «, sagt er und lacht, »ist das die gute Aura von Prinz Philip.«

***

Die Erkundung des Teegartens hat hungrig gemacht. Auf dem Rückweg Truro also nicht durchfahren, sondern hier angehalten. Das Ziel für unsere Stärkung liegt auf der Hand: buchstäblich. Es ist Zeit für jene stärkende Speise, die man in den meisten Bäckereien Englands findet, aber die doch eigentlich in diese Grafschaft gehört. Allein schon des Namens wegen. Und so bestellte ich in dem schiefergrauen Ecklokal in der Quay Street eine »*traditional Cornish pasty, please.*«

Wir sind dabei nicht in irgendeiner Bäckerei, sondern in Warren's Bakery, der ältesten Pastetenbäckerei Cornwalls und damit dem ältesten *Cornish-Pasty*-Produzenten der Welt. 1860 fanden in St. Just (zwischen Land's End und St. Ives) eine Bäckerstochter und ein Bauernsohn in ihrer Leidenschaft für *pasties* zueinander und zum beruflichen Erfolg. Heute führt der Familienbetrieb vierzig Filialen im Land. Die Verkäuferin scheint sich der historischen Relevanz ihrer Tätigkeit nicht bewusst zu sein. »*Large or medium*«, fragt sie unaufgeregt und lässt dann flink die kleine halbrunde Blätterteigtasche – klassisch gefüllt mit gewürfeltem Rindfleisch, Kartoffeln und Wurzelgemüse – mit gedrehtem Rand in eine Papiertüte gleiten und händigt mir den Snack, dessen Hitze durchs Papier strömt, aus. Ich spaziere damit die St. Mary's und dann die High Cross Street entlang, bis ich zum Vorplatz der Kathedrale von Truro gelange. Auf der freien Parkbank rechts neben dem Eingang Platz genommen, ziehe ich den obersten Spitz der Teigtasche aus der Tüte, und obwohl ich versuche, es möglichst vorsichtig zu tun, flattern nicht nur kleine Blätterteigbrösel auf die Bluse, sondern auch ein ganz kleiner Patzen Füllung. Beim nächsten Bissen ist die Fülle so heiß, dass ich mir leicht den Gaumen verbrenne und mit vollem Mund leicht ausatme, um die Hitze hinauszulassen.

Kein Wunder, dass sich die Teigtasche im 16. und 17. Jahrhundert unter Arbeiterfamilien verbreitete: Einfach mitzunehmen, die Fülle hält im Blätterteig lange warm und stärkt für den harten Tag – mitunter unter Tage. Den Minenarbeitern hat die Speise auch ihre heutige Form mit der gedrehten Kruste zu verdanken. Sie verwendeten diese wohl als Henkel, um zu vermeiden, ihr Essen mit den schmutzigen Händen anzugreifen – und warfen sie am Ende weg. Für mich ist das undenkbar. Der Teig ist doch das Beste.

Doch während bereits der Name *Cornish pasty* Auskunft darüber gibt, in welcher Grafschaft die Speise ihren Ursprung hat, sorgte der Fund eines Historikers für einen kurzen, aber heftigen Sturm im Wasserglas. Dr. Todd Gray, Vorsitzender der Friends of Devon's Archives, fand in den Aufzeichnungen für Wildbret am Landgut von Mount Edgcumbe auf der Halbinsel Rame, die damals noch zu Devon gehörte, vier relevante Textzeilen. Notizen, die sich auf die Kosten einer Blätterteigtasche bezogen und die aus dem Jahr 1510 stammten. Todd Gray erkundigte sich daraufhin beim Cornwall Record Office und kam zu der Erkenntnis: Die früheste Aufzeichnung einer *Cornish pasty* in Cornwall stammt aus dem Jahr 1746. Seine Schlussfolgerung: Devon gewinne den Kampf um die Pastete mit einem eindeutigen Vorsprung von zweihundert Jahren. »Für mich als Historiker, der die lokale Geschichte erforscht, ist dies eine große Freude«, zitierte ihn der *Guardian* bei seiner Entdeckung. Doch Les Merton, Verfasser der »Official Encyclopedia of the Cornish Pasty«, beeindruckte das kaum. Von *BBC* bis *Devon Live* wird er mit dem Gegenargument zitiert: Höhlenzeichnungen in Cornwall würden Pasteten bereits 8000 vor Christus zeigen. Damals war das Fleisch jedoch in Blätter statt in Blätterteig eingewickelt.

Zumindest unterscheiden kann man die *pasties* der beiden Grafschaften ganz einfach: In Cornwall ist die Kruste seitlich, in Devon oben gebogen. Und am besten schmeckt eine *pasty*, da können dann grafschaftliche Rivalitäten beiseitegelegt werden, mit einer Tasse englischem Tee.

Wo Kunst auf Küste trifft

Lichtspiele der Inspiration in St. Ives

Obwohl ich damit gerechnet habe – denn wir waren ja einzig deswegen die schmale, lebhafte Fore Street entlangspaziert und dann weiter auf The Dingey bis hin zur Promenade des Porthmeor Beach geschlendert, um hierhin zu gelangen –, trete ich vor Überraschung einen schnellen Schritt zurück. Stütze die Hände in die Hüften, lege den Kopf in den Nacken. Wie ein riesiges Schneckenhaus windet es sich in die Höhe, thront weit über den angrenzenden *cottages*, reiht sich durch seine weiß gewaschenen Wände zwar farblich in die umliegenden Wohnhäuser ein, hebt sich aber trotzdem, oder vielleicht deswegen von ihnen ab. Das ist es also: die einzige Tate Gallery (abgesehen von jener in Liverpool) außerhalb Londons. Ein Kunstmuseum mit direktem Meerzugang, einzig durch eine schmale Asphaltstraße vom feinen Sandstrand getrennt. Doch was macht ein Ableger des weltbekannten Kunstmuseums in einem abgelegenen Fischerdorf?

Dafür müssen wir zuerst die Strandpromenade noch einmal entlang, durch das dichte Gassenwerk der Altstadt, bis wir am Smeaton Pier von St. Ives angelangt sind. Hier wippt ein kleines Bootstaxi im Wasser und wartet darauf, uns zum Ausflugsboot zu schippern. Letzte Regentropfen klatschen noch auf den Kopf, aber die große Wolkenwand ist, wie vom Bootsanbieter prophezeit, abgezogen. Sie kennen die Witterungs- und Wasserverhältnisse eben doch, wissen, wann es sicher ist, auszufahren, und haben die Tour somit korrekt nur um ein paar Stunden, nicht um einen Tag verschoben. Vielleicht wollten sie auch verhindern, dass man zur Konkurrenz geht. Ein halbes Dutzend Anbieter haben am *quay* ihre Plakate positioniert; Bootstouren sind in St. Ives äußerst beliebt. Aber das Meer war hier immer schon Teil des Lebens, Teil der Einnahmequelle. Vor allem das Sardinenfischen war hier derart erfolgreich, dass in St. Ives manchmal mehr Fische gefangen wurden als in allen anderen kornischen Häfen zusammen. An einem besonders erfolgreichen Tag 1847 sollen es laut Historikern des Borlase Smart John Wells Trust siebenundfünfzig Millionen Sardinen gewesen sein.

An diesem Nachmittag ist jedoch nur ein anderes Ausflugsboot zu sehen, als uns Skipper Jago Lethbridge aus der Bucht durch das erst türkisfarbene, dann immer dunklere Wasser bis zum Godrevy Leuchtturm schippert, auf dem es laut Jago viel mehr Robben als auf der doch nach den Tieren benannten Seal Island zu sehen gibt, die die anderen Betreiber anfahren würden. Und tatsächlich rekeln sich einige der Tiere auf den Steinfelsen vor der Insel. Am liebsten, fährt Jago dann fort, mache er die Touren am Abend, wenn Delfine das Boot begleiten und die Wasseroberfläche so klar wie eine Glasscheibe vor ihm liege.

Es war das Licht, wird gerne argumentiert, das die Künstlerinnen und Künstler nach St. Ives brachte. Denn das Meer umschließt St. Ives gleich von drei

Seiten und wirft das Sonnenlicht somit aus fast allen Richtungen in die Küstenstadt und durch die Fenster der Ateliers. Das Licht also habe St. Ives zu seiner zweiten Berühmtheit gebracht. Die Wahrheit ist komplexer. Sie hat mit dem Krieg zu tun, mit Süchten, mit Zufällen und, im Fall von Alfred Wallis, mit Trauer. Der schwankende Blick auf die malerische Stadt, den ich nun habe: das Weiß der Häuser, das Anthrazit der Küstensteine, das Ocker des Sandstrands, das Türkis des Meeres – es muss vertraut gewesen sein für den Engländer Alfred Wallis. Im Alter von neun Jahren hatte er sich als Kajütenjunge und Koch zunächst der Seefahrt verschrieben, hatte später als Fischer in St. Ives seine Arbeitszeit verbracht, bevor er einen Lumpensammlerladen eröffnete – und ihn der Zufall berühmt machte.

Zurück an Land, noch leicht schwankend, wie immer, wenn man sich zu sehr an die Wogen des Meeres gewöhnt hat, wandern wir die Hafenpromenade entlang, bis wir in der Back Road auf die Nummer drei stoßen. Jenes Haus, in dem Wallis lebte. Und durch dessen geöffnete Tür sollen im Sommer 1928 die Künstler Ben Nicholson und Christopher Wood gespäht haben, verrät Kunsthistoriker James Fox in der *BBC*-Dokumentation »The Art of Cornwall«; angelockt von den Bildern, die sich in dem Fischerhaus stapelten. Wallis hatte nach dem Tod seiner Frau zu malen begonnen. Ohne jegliche Ausbildung oder Kenntnisse der Malerei fing er an, auf allem zu malen, was er ergattern konnte: Stücke von Karton, Treibholz, Marmeladegläser. Für Ben Nicholson, der zu der Zeit für abstrakte Meisterwerke wie »White Relief« berühmt war, waren die einfachen Werke die Destillation der Moderne; noch vor Ort kaufte er Wallis Werke ab. Christopher Wood, der als junger Mann in Liverpool verkündet hatte, der beste Maler der Welt werden zu wollen und dem noch Monate zuvor ein Auftrag durch Pablo Picasso vermittelt worden war (von dem er jedoch unter anderem wegen seiner Opiumsucht gefeuert worden war), war so begeistert, dass er beschloss, alles von seinem neuen Meister aufzusaugen.

Ende der Dreißiger reiste mit Naum Gabo der nächste Künstler nach St. Ives, und Ben Nicholson nahm wiederum Peter Lanyon unter seine Fittiche, der mit seinem Meisterwerk »Lost Mine« dem Minen-Desaster von 1919 ein Denkmal setzen würde. Immer noch sah Ben Nicholson täglich bei Wallis vorbei; die beiden hatten laut James Fox eine Freundschaft aufgebaut, die auch andauerte, als Wallis' mentale Gesundheit schwand und er im Obergeschoss, das er seit dem Tod seiner Frau Susan nicht mehr betreten hatte, den Teufel verortete. So berühmt sind Wallis' Gemälde im Laufe der Jahre jedoch geworden, dass noch vor einigen Jahren eines seiner Gemälde um hundertfünfundzwanzigtausend Pfund (hundertvierundvierzigtausend Euro) versteigert wurde. Und die Tate Gallery, vor deren Eingang wir nun angelangt sind, lässt wissen, dass sie zu jedem Zeitpunkt ein, zwei Gemälde des Künstlers ausgestellt habe.

Im Eingangsbereich des Museums fällt der Blick auf eine markante Figur aus Bronze: Zwei raue Enden einer Schale, die sich in die Höhe recken, einander entgegenstrecken, ohne sich je zu berühren. »Curved Form (Trevalgan)«, steht auf dem Sockel.

Darunter der Name jener Künstlerin, die als einflussreichste britische Bildhauerin des 20. Jahrhunderts gehandelt wird: Barbara Hepworth.

Hepworth war mit ihrem Ehemann Ben Nicholson 1939 im Schatten des Zweiten Weltkriegs nach St. Ives gekommen. Doch während sich Ben Nicholson gleich wieder in sein Atelier zurückzog und seine künstlerische Arbeit fortsetzte, überließ er seiner Frau die Mühen des Alltags mit Drillingen. Und doch sollte es am Ende Barbara Hepworth in St. Ives zu unvorhergesehenem Ruhm schaffen. Denn als die Kinder größer wurden, war es sie, die eigentlich nicht nach Cornwall ziehen wollte, die von der rauen Küstenlandschaft angezogen wurde, die die geologischen Formen »durch ihre Füße« fühlte, wie sie die *BBC* einmal zitierte, und sich in der Mystik der umliegenden Moorlandschaft verlor. In den alten Steinkreationen wie dem Mên-an-Tol, einer Formation mit rundem Loch-Stein, dessen Bedeutung verloren gegangen ist, den man nun in ihrer Arbeit wiederfindet. Ebenso wie Porthmeor Beach, auf den ich mit einem Cappuccino in der Hand vom Dachterrassen-Café des Museums herabblicken kann und in dem Hepworth die Gezeiten, die Bewegung des Sandes im Wind und die Fußabdrücke von Mensch und Vogel beobachtete. »Sea Form«, hat sie die fließende, schwungvolle, offene Bronzefigur genannt. Obwohl ihre Arbeit abstrakt war, findet man die Bucht bei genauem Hinsehen doch wieder: die Klippen und Wellen in ihren Steinformen; den Wind in den Fäden.

Der internationale Durchbruch gelang ihr 1950, als sie England bei der Biennale vertrat. Ein Jahr später folgte der erste öffentliche Auftrag für das »Festival of Britain«, das die Stimmung im noch immer kriegsgebeutelten Land heben sollte. Ihre Skulptur »Contrapuntal Forms« war mit einer Höhe von drei Metern die größte Skulptur, an der sich Hepworth zu dieser Zeit versuchte, und das erste Projekt, für das sie ständige Assistenten einstellte. Nicholson und Hepworth arbeiteten zu der Zeit bereits in getrennten Studios, wenig später sollte er, der ihr den Ruhm nicht vergönnte, eine Affäre mit einer jungen Frau beginnen, die er am Golfplatz kennengelernt hatte.

Vom Porthmeor Beach sind es nur fünf Minuten zu Barbaras Studio. Auf der Fore Street muss man dazu nach der New Craftsman Gallery bei der Gabelung rechts abbiegen und die Ayr Lane bergaufmarschieren. Das Haus sieht von der Straße unscheinbar aus; eine gelbe steinerne Fassade und eine weiße Holztür. Doch wer die Erdgeschossfläche durchquert und die steilen Treppen emporsteigt, findet sich in einer versteckten Oase wieder: Zwischen üppigen Palmen, vollen Kirschbäumen und kleinen pinken wie weißen Blumen strahlen ihre Skulpturen, mal glatt und rund, dann wieder quadratisch-verschachtelt oder schlammgrün-verwachsen. Sie passen sich in die Natur ein und heben sich doch von ihr ab. Ein gewundener Steinpfad führt an den Kunstwerken vorbei und schlussendlich in das helle Gewächshaus mit Sukkulenten und einem lippengeformten knallroten Stuhl.

»Kennen Sie die Anekdote von ihrem Assistenten?«, fragt mich eine Besucherin, die mit ihrem Vater den Garten erkundet. Sie meint den damals fünfunddreißigjährigen aufstrebenden Künstler Terry Frost, den Hepworth 1950 als Assistenten anstellte. »Hepworth hat nicht gern zugegeben, dass sie Hilfe hatte«, fährt die Frau fort, »und deshalb haben sich ihre Assistenten manchmal hier im Gartenhaus verstecken müssen, wenn Besuch kam.« An einem Tag habe sich Terry nicht mehr halten können und in einen Blumentopf erleichtert. Doch dieser war nicht dicht und so bildete sich ein Rinnsal, das sich auf der leicht abschüssigen Terrasse ausgerechnet den Weg zu jener Stelle bahnte, an der Hepworth mit ihren Gästen stand. Die Besucherin schmunzelt, als sie die Geschichte erzählt. Angeblich, geht die Anekdote zu Ende, bekam Terry die ganze restliche Woche keine Kekse mehr.

Vom Glashaus geht es weiter in ihr Studio. Die schweren Werkzeuge, die unvollständigen riesigen Skulpturen, die vielen Steinblöcke lassen erahnen, welch leidenschaftliche Künstlerin sie war. Sie schuf rund sechshundert Werke. Nachdem sie sich von ihrem Mann getrennt hatte, soll sie ihr Studio immer weniger verlassen haben. Die Dorfbewohner begannen, sie Hexe zu nennen, und Gerüchte machten die Runde, dass die Steinskulpturen verzauberte Opfer sein könnten. Die Legenden über eine starke Frau im Patriarchat.

Doch sie ließ sich davon nicht abhalten. In einem Fernsehinterview sagte sie einmal: »Es hat lange gedauert, bis ich meinen persönlichen Weg zur Bildhauerei gefunden habe. Lange Zeit, um die reinsten Formen zu entdecken, die genau meine eigenen Empfindungen hervorrufen. Und um Bilder zu visualisieren, die den zeitlosen primitiven Kräften, die ich fühlte, und dem ständigen Drang, das Überleben und das Wachstum zu sichern, entsprechen.«

Um noch größere Skulpturen schaffen zu können, kaufte sie das ehemalige Tanzstudio auf der gegenüberliegenden Straßenseite. Ihr vielleicht bekanntestes Werk: die knapp sechs Meter hohe »Winged Figure« an der Südostseite des Londoner Kaufhauses John Lewis wird im Jahr von rund zweihundert Millionen Menschen gesehen. Und das imposante Bronzemonument »Single Form« steht seit 1964 in einem Wasserspiel am Hauptsitz der Vereinten Nationen in New York. Es ist das größte Kunstwerk, das die Gießerei Morris Singer je produziert hat.

Doch während Barbara Hepworth zu Ruhm kam, geriet das Image von St. Ives als Künstlermetropole ins Wanken. 1964 kam Peter Lanyon bei einem Flugzeugunfall ums Leben. Ben Nicholson war schon vor einigen Jahren in die Schweiz gezogen. Die modernen Interpretationen kornischer Künstler rückten in den Hintergrund; Pop-Art war jetzt gefragt. Das finale Ende des Küstenorts als Künstlerhort kam mit dem Tod Barbara Hepworths am 20. Mai 1975. Ihr Studio fing Feuer und die Künstlerin starb in ihrem Bett.

Es war dann Hepworths Werk, das die Tate Gallery nach St. Ives brachte. 1980 übernahm das Museum zunächst die Verwaltung des Barbara Hepworth Museums in ihrem früheren Studio und den dazugehörenden Skulpturengarten. Doch es brauchte, entschied die Kunstgalerie noch im selben Jahrzehnt, mehr: eine Tate-Dependance direkt in St. Ives, um die Künstlerinnen und Künstler des

Küstenorts zu feiern. Das Projekt wurde mit Begeisterung angenommen. Nachdem die Tate St. Ives im Juni 1993 eröffnet hatte, kamen in den ersten sechs Monaten mehr als hundertzwanzigtausend Besucher. Gerechnet hatte man lediglich mit siebzigtausend – im gesamten ersten Jahr.

Insel auf Zeit

Wie die Natur bei St. Michael's Mount den Takt vorgibt

Es ist finster, als wir Marazion erreichen, und so werden wir das Naturschauspiel erst tags darauf entdecken. Vorsichtig tasten sich die kegelförmigen Scheinwerfer des Autos an den Steinmauern entlang; zu eng aneinandergerückt sind die Häuser hier, in dem antiken Küstendorf zwanzig Minuten südlich von St. Ives, das einst größer war als das heute geschäftige Städtchen Penzance nur ein paar Kilometer weiter. Blechern hallt das Zuschlagen der Autotür über den Parkplatz und man möchte eine Entschuldigung rufen, so unpassend ist der Lärm. Denn um uns: dunkle Stille, einzig vom Rauschen des Meeres durchbrochen.

Die Ankunft bei Nacht ist ein wiederkehrendes Motiv. Bei ihrem ersten Besuch, erinnert sich Mary St. Aubyn, die derzeitige Lady St. Levan, habe sie bei Freunden in einer Wohnung über dem Dorfcafé übernachtet. »Ich wusste nicht wirklich, was mich erwarten würde. Daher war ich nicht übermäßig mit angemessener Kleidung oder vernünftigem Schuhwerk ausgerüstet«, erfährt man von ihr im Inselmuseum. »Ich erinnere mich, dass wir im Dunkeln bei stürmischem Wind und starkem Regen und ohne Taschenlampe zum Abendessen im Schloss hinaufgingen.« Und auch Rob, der Bootsführer der Insel, und seine Frau Naomi erreichten die Insel im Dunkeln. »In der ersten Nacht, die wir auf dem Berg verbrachten, mussten wir auf die Ebbe warten und gingen um ein Uhr nachts über den Damm. Ich erinnere mich, dass ich aufblickte und dachte, der Mond sei so hell, dass wir keine Taschenlampe brauchten.« Auf diese Überquerung müssen wir noch warten.

Der Blick aus dem Fenster am nächsten Morgen offenbart niedrige schiefergraue Steinhäuschen, einen kleinen, dreieckigen Vorplatz mit historischem Wegweiser und einen knallroten Briefkasten. Dahinter vereinigt sich das weißgraue Meer mit dem taubenblauen Himmel. Doch nur wenige Hundert Meter vom Strand ragt eine kleine bewaldete Insel aus der Meeresoberfläche, auf deren Spitze die gezackten Zinnen eines Schlosses in den Himmel stechen: St. Michael's Mount, Cornwalls vielleicht berühmtestes Wahrzeichen. Der kornische Name Karrek Loos yn Koos bedeutet übersetzt »grauer Felsen im Wald« und lässt darauf schließen, dass die Insel vor vielen Jahren kein Eiland, sondern lediglich eine Erhebung im bewaldeten Umfeld war. Der Berg soll jedenfalls schon vor mehreren Tausend Jahren besiedelt gewesen sein. 2009 stieß Chefgärtner Darren Little am nordwestlichen Hang der Insel auf einen ungewöhnlichen Axtkopf. Als die Insel daraufhin genauer untersucht wurde, kamen achtundvierzig Artefakte zutage, und laut Fachkundigen des Royal Albert Memorial Museums sind diese fünftausend Jahre alt. Unter den Artefakten war auch eine Schnalle, möglicherweise eine Verzierung einer Schwertscheide, die in ihrem Design kein zweites Mal in ganz Großbritannien gefunden wurde.

Nach dem Frühstück haben wir Glück. Das Meer hat sich zurückgezogen, die Kopfsteinpflastersteine freigegeben und erlaubt den Entdeckungsrundgang. Denn St. Michael's Mount ist nur zweimal am Tag für insgesamt maximal neun Stunden mit dem Festland verbunden. Ich soll aufpassen, sagt mir die Hotelmanagerin vor meinem Aufbruch noch und rät mir, den Aushang mit den Gezeiten zu fotografieren. Das Meer kommt schneller, als man denkt. Und ein bisschen amüsiert erzählt sie dann noch die Anekdoten von den warmen Sommertagen, an denen Touristen mit Taschen und Kinderwagen über den Köpfen die restlichen Meter zum Strand durch Meerwasser waten. Anfängerfehler, denke ich und fühle mich als Wahlbritin ein bisschen überlegen.

Als ich vor die Haustür trete, strahlt die Herbstsonne vom transparenten Himmel, taucht die Bucht in gleißendes Morgenlicht. Ziehen fantastische Plätze Wunder an oder machen Sagen einen Ort wunderbar? Die Insel ist jedenfalls durchdrungen von Mythen und Legenden. Einst sei sie etwa Hort des Riesen Cormoran gewesen, der so mächtig und wütend war, dass zerbrochene Baumstämme oder Felsbrocken noch heute Vermächtnis seines Zorns sein sollen. In Angst und Schrecken lebten die umliegenden Dörfer, bis der mutige Junge Jack, The Giant Killer, ihn austrickste und zur Strecke brachte. Später sollen Seefahrer von Meerjungfrauen auf die Felsen gelockt und vom heiligen Michael vor ihnen gewarnt worden sein. An der westlichen Seite der

Insel (ein bisschen unterhalb des heutigen Schlosseingangs) ist der Schutzpatron den Seeleuten erschienen, heißt es. Doch diese Legende haben vielleicht die Benediktinermönche mitgebracht. Denn das Gleiche wird über ihren Mont Saint Michel gesagt, eine deutlich größere, aber ähnlich geformte Gezeiteninsel an der Küste der Normandie. Im 11. Jahrhundert wurde den Benediktinern die kleinere kornische Insel von Eduard dem Bekenner geschenkt. Die Abtei, die sie dann hier bauten, bildet heute die Grundfeste des Schlosses.

Ich folge den Steintreppen in Marazion hinab auf den Sandstrand und setze meinen ersten Fuß auf den Steinweg. Die Pilger würden die Strecke vom Festland zur Insel noch im Sand zurücklegen. Nachdem in den 1260ern gleich vier schwer kranke Priester von hohem Fieber geheilt wurden, wurde die Insel in der Folge zur Pilgerstätte für Gläubige und jene, die spirituelle Erfahrungen suchten. Heute kommen dreihunderttausend Menschen im Jahr auf die Gezeiteninsel, die nun mit jedem meiner Schritte auf der ockerfarbenen, gewundenen Steinstraße heranwächst. Die Baumkronen treten am bewaldeten Hang hervor, die Zacken in den Zinnen werden erkennbar, während sich links und rechts der helle Sand, unterbrochen von rauen, dunklen Gesteinsbrocken, bis zum Horizont erstreckt.

Ein bisschen surreal mutet der Spaziergang am Meeresboden an, und es verwundert nicht, dass dieser Küstenabschnitt immer wieder Filmkulisse ist. In der Romanverfilmung von Rosamunde Pilchers »Die Muschelsucher« sitzt Angela Lansbury als Penelope mit Sam Wanamaker an einem runden

Tischchen in Marazion vor der Kulisse des Berges. In den Siebzigern waren Cast und Crew für die Verfilmung von Bram Stokers Klassiker »Dracula« auf die Insel gezogen. Und in Trevor Nunns Version von Shakespeares »Twelfth Night« (»Was ihr wollt«) mit Helena Bonham Carter und Ben Kingsley (der Prideaux Place die bunten Fliesen im Eingangsbereich zu verdanken hat) diente St. Michael's Mount als Königreich Illyrien.

Doch die Insel ist keine leere Touristenkulisse; sie ist eine funktionierende Dorfgemeinschaft. Und obwohl ich das wusste, bin ich überrascht, am Ende des Steinpfads durch ein Tor zu schreiten und mich auf einem kleinen Marktplatz wiederzufinden. Die Häuser sind einheitlich im Stil, mit dunkelgrauem Stein, weiß getünchten Mauern und türkisen Fensterrahmen. Rund drei Dutzend Menschen leben hier, und sie alle erfüllen wichtige Funktionen, sind Chefgärtner, Haushälterin, Bootsführer oder Gebäudemanager.

»Vor allem im Winter«, wird Hausherr Lord James Piers Southwell St. Aubyn, fünfter Baron St. Levan, im Inselmuseum zitiert, »hat es etwas Beeindruckendes, wenn man um siebzehn Uhr mit dem letzten Boot des Tages anreist. Es kann sein, dass sich die Hälfte der Inselbewohner auf dem Boot befindet (die für die Nacht auf die Insel zurückkehren), und es wird sehr deutlich, dass wir alle eine Lebensweise teilen.«

Vom Dorfplatz schlängelt sich ein Steinpfad an der antiken Molkerei vorbei durch einen lichten Wald stetig bergan über die steilen, unebenen Pilgrim's Steps, bis man von einem Schild rechter

Hand auf das Giant's Heart aufmerksam gemacht wird. Das ist notwendig, denn fast wäre ich über den herzförmigen Stein im Weg hinweggetreten, der doch das unglückliche Herz des Riesen Cormoran darstellen soll. Rasch beuge ich mich hinab, um ihn zu berühren, und horche einen Moment lang genau hin, ob ich nicht vielleicht doch den Herzschlag höre, wie es die Anekdote erzählt. Doch es ist nur das eigene Herz, das vom Anstieg heftig klopft.

Fast natürlich scheint das Schloss dann auf einmal vor mir aus dem grauen Felsen in die Höhe zu wachsen. Ältere, verwitterte Steinmauern weiter unten; neuere, hellere Fassaden weiter oben. Stetig zuspitzend reckt es sich vor dem Beobachtenden in die Höhe.

Der Ritter auf der Anhöhe, wird einem schnell bewusst, ist klar im Vorteil. Das hat sich wohl auch Henry de la Pomeroy 1193 gedacht und ließ seine Männer sich als Pilger verkleiden, um sich Zutritt zum Schloss zu verschaffen, bevor er es an sich riss und im Namen von Prinz John militarisierte. Es folgten fünf blutige Jahrhunderte, bis Colonel St. Aubyn 1647 zum Hauptmann von St. Michael's Mount ernannt wurde, um den Frieden in der umliegenden Region zu sichern. Seine Nachfahren leben bis heute auf dem Schloss, auch wenn 1954 große Teile der Insel dem National Trust überschrieben wurden.

Auf dem Plateau vor dem Eingang des Schlosses zieht einmal mehr der Wind an der Jacke. Durch eine niedrige, spitze Türe geht es ins Innere des Schlosses, vorbei an historischen Waffen und Sätteln, durch die Chevy Chase Hall mit faszinierender

Stuckfassade, weiter in den blauen *drawing room*, in dem Königin Victoria den St. Aubyns einen Schrecken einjagte: Auf ihrer Cornwall-Tour 1846 legte sie mit ihrem königlichen Schiff »The Fairy« auch auf der Gezeiteninsel an. Jedoch zu einem Zeitpunkt, als die Familie nicht auf der Insel war. Dem Hausmädchen gelang es aber, die Monarchin im blauen *drawing room* so lange beim Tee zu unterhalten, bis die Familie eintraf.

Weiter geht es, vorbei an verwinkelten Nischen, Ausbuchtungen und Erkerfenstern bis zur Südterrasse. Der Wind vorhin war harmlos im Vergleich zu der Gewalt, die nun an der Kleidung zerrt und dennoch nicht ablenkt: von den subtropischen Gärten, die sich an den Steilhang schmiegen, vom weiten Meer und der idyllischen Küste. Ich bin, erkenne ich, an jenem Ort, den ich vom Hotelzimmer aus als Spitze ausgemacht hatte. Ein Ort, an dem man gesehen wird und selbst bis in die Unendlichkeit sieht. Wichtig war das 1588, als hier die Spanische Armada gesichtet und in der Folge das erste Leuchtfeuer gezündet wurde, das sich als flammende Perlenkette entlang der Küste ausbreitete.

Auf dem Rückweg sind die Steine überraschend glitschig, und weil ich meine Füße offenbar anspanne, beginnen meine Schienbeine zu brennen. Als ich den Dammweg betrete, ist das Meer deutlich näher als beim Hinweg, schwappt gegen die schwarzen Gesteinsbrocken um mich. Einmal drehe ich mich noch um, um das wieder geschrumpfte Schloss ein letztes Mal aufzunehmen, den malerischen Moment als Erinnerung abzuspeichern. Gerade noch geschafft, denke ich und bin mir sicher, dass die

Hotelmanagerin geflunkert hat. Kinderwagen und Ta… In dem Moment schwappt eine Flutwelle über den Weg und badet mich knöcheltief in Meerwasser. Anfängerfehler.

Die Meisterin der Steine

Porthcurnos Spektakel mit schwankender Kulisse

Es sind exakt neunzig. Neunzig steile Absätze, bei denen man auch als leicht sportliche Person ein bisschen außer Atem kommt. Neunzig schmale Tritte, die Rowena Cade mit ihrem Gärtner Billy händisch in Stein geschlagen hat. Neunzig hohe Trittflächen, die Rowena dann nicht nur abends, nach einem schweren Arbeitstag, noch einmal hinunterlief – sondern mit schweren, sandgefüllten Säcken auf dem Rücken wieder hinauf. Neunzig exponierte Ebenen, die wir hinaufschreiten, um das Lebenswerk einer Frau aus dem 20. Jahrhundert zu erkunden, das aussieht, als würde es seit Jahrtausenden bestehen.

Wir befinden uns am südwestlichen Zipfel Cornwalls. Eine halbe Autostunde westlich von St. Michael's Mount sind wir auf die schmale Landstraße The Valley abgebogen, die derart viele Schlaglöcher hatte, dass wir nur im Schritttempo vorankamen. Die Porthcurno Bay liegt feinsandig zwischen der massiven Steilküste linker und rechter Hand. Schäumend brandete das Meer an den Strand und ich grub die Zehen in den herbstkalten Sand, bis aufgeregtes Rufen die Stille unterbrach. Zwei Touristinnen deuteten auf eine Stelle im Meer. »*Look!*« Doch ich konnte nichts erkennen und wollte mich schon wieder abwenden, da tauchten sie erneut auf:

zwei Robben mit schwarzen Knopfaugen und dicken Schnurrhaaren. Sie schienen uns ebenso neugierig zu mustern wie wir sie und verschwanden immer wieder, nur um wenig näher erneut an die Wasseroberfläche zu kommen.

Vielleicht hat diese Kulisse auch die Britin Rowena Cade beeindruckt, als sie in den frühen 1920er Jahren mit ihrer Mutter hierherzog und auf den Granitklippen das imposante Minack House errichten ließ. Die raue Landschaft lag in scharfem Kontrast zu ihrer lieblichen Heimat Cheltenham (die heute Austragungsort des berühmten Pferderennens und bekannt dafür ist, die vollständigst erhaltene Stadt im Stil der Regency Ära zu sein). Doch die jüngsten Jahre hatten alles verändert: Rowena hatte im Krieg Pferde für die Armee eingeritten, ihr Vater war gestorben, die Familie verstreut. Das behütete Leben des Bürgertums war vorbei. Aber dann brachte »Der Sturm« eine Aufgabe, die sie bis an den Rest ihres Lebens fesseln sollte.

Die Sonne steht tief, als ich die neunzig Stufen vom Porthcurno Bay hinauf zu den Klippen gemeistert habe und den Eingang erreiche. Um mich herum streben Gäste in dicken Jacken und mit Isomatten unterm Arm zielstrebig Richtung Eingang. In meiner Handtasche finde ich eine Einkaufstasche, auf das ich mich zur Not setzen könnte. Wie professionell. Aber dann erinnere ich mich an den Tipp von Opernsängerin Penny Locke: Sie trägt oft, lernte man im Theatermuseum, einen durchsichtigen Müllsack als unterste Kleidungsschicht: »So bleibt der Wind draußen und, falls dich der Regen erwischt, bleibst du trocken.«

Eine Theatermitarbeiterin scannt mein Ticket und ich trete durch den Eingang in ein steinernes Meisterwerk. Steil fallen die halbkreisförmig angelegten Steinterrassen hinab zur Bühne. Ich folge einem schmalen Weg vorbei an farbenprächtigen Blüten und üppigen Sukkulenten und lasse meinen Blick über die Sitze am Hang und die Bühne schweifen, hinter der feine Blauschattierungen vom Wasser in den Himmel reichen. Doch obwohl dieses Open-Air-Theater an ein antikes Amphitheater erinnert, nimmt man zu Unrecht an, dass es sich seit Jahrhunderten hier befindet. Als Rowena Cade in den Dreißigern diesen Platz entdeckte, war es lediglich ein steiniger Hang. Sie hatte die Klippen nach einem geeigneten Aufführungsplatz für die lokale Theatergruppe durchkämmt. Im Jahr zuvor hatte sie der Gruppe Feenflügel für die Aufführung von »A Midsummer Night's Dream« (»Ein Sommernachtstraum«) genäht. Diesmal sollte Shakespeares »The Tempest« (»Der Sturm«) aufgeführt werden und Rowena wollte einen Platz für die Darbietung anbieten. Doch wo? In ihrem Garten gab es keine Sitzgelegenheiten. Wie wäre es, dachte sie dann, mit der Schlucht unter dem Minack-Felsen? Sechs Monate später, am 16. August 1932, war die Bühne dann noch provisorisch, die Sitzgelegenheiten etwas grob und die Gäste mussten einen steilen, mit Stechginster gesäumten Weg entlanggeleitet werden. Doch sie hatte tatsächlich mit den Gärtnern Billy Rawlings und Thomas Angove die erste Version des Minack Theatre realisiert.

Höhenangst sollte man keine haben. Als ich die steilen Stufen hinab zu den Sitzplätzen steige, klammere ich mich dankbar an die Haltevorrichtungen. Wie anstrengend es für die Theatergruppen sein muss, ihr Equipment vor den Produktionen hinab- und eine Woche später wieder hinaufzutransportieren. Oft, klärt das Theatermuseum auf, werden menschliche Ketten gebildet und die Bausteine für das Bühnenbild sowie die Kostüme von einem zum nächsten gereicht, um Energie zu sparen und Muskelkater zu vermeiden.

In den Minuten vor der Vorstellung liegt leichtes Stimmengewirr in der Luft, Hintergrundmusik dudelt aus den Lautsprechern und an den Bühnenseiten warten riesige Scheinwerfer auf ihren Einsatz. Alt werden sie hier nicht. Alle zwei, drei Jahre müssen sie ausgetauscht werden. Die besondere Lage hat ihren Preis. Das Salz frisst das Metall auf, Farbe blättert ab, es rostet.

Bei der ersten Veranstaltung kam das Licht noch von Batterien, Autoscheinwerfern und aus Rowenas Haus auf den Klippen. Doch die eindrucksvolle Lage gepaart mit Shakespeares Poesie und den zauberhaften Klängen schafften es schon damals in die *Times*. Und *master builder* Rowena Cade erkannte, dass sie am Beginn eines großen Projekts stand.

»Mein Gärtner Billy Rawlings und ein anderer Mann aus Cornwall zerkleinerten riesige Felsbrocken von Hand, so wie die Engländer Butter schneiden«, erzählt sie in einem Interview, das heute im Theatermuseum läuft. »Ein paar Scheiben fielen ins Meer, gefolgt von einigen guten Dialektausdrücken des Bedauerns. Die meisten wurden Zentimeter für Zentimeter mit Stangen in Position gebracht, auf dem rutschigen Hang, wo ein unvorsichtiger Schritt

einen neunzig Fuß (siebenundzwanzig Meter) langen Sturz in die aufgewühlte See bedeutet hätte. Und ich füllte sie mit Erde und kleinen Steinen auf.«
»*Rowena Cade created this theatre*«, steht in steinernen Lettern auf einer Steinplatte am oberen Ende des Theaters. Sie war schon als Kind ein Wirbelwind. Als Siebenjährige soll Rowena von ihrem Kinderzimmerfenster auf einen Zedernbaum und daran hinunter in den Garten geklettert sein. An Energie und Tatkraft mangelte es ihr schon damals nicht – und als Erwachsene in Cornwall kamen ihre Kräfte im Theater zum Einsatz. Sie räumte, werkte, zerkleinerte. Den Sand, den sie abends vom Porthcurno Beach holte, verarbeitete sie tags darauf zu Zement. »Ich habe diese ewige Erinnerung an einen kleinen Mann, der so hart arbeitet, und an eine sehr dünne Frau, die all diese Dinge trägt«, hört man Margaret Gudonis, Billy Rawlings Enkelin, in dem Video, und Architekt Simon Crosse ergänzt: »Sie war wie eine Bergziege, sehr zottelig und unglaublich stark. Und sehr hübsch, wenn ich mich an sie erinnere. Die Leute schätzten sie, weil sie einen Großteil der Arbeit selbst erledigte. Sie hatte nicht nur eine große Vorstellungskraft, sondern war auch sehr praktisch veranlagt und sehr sanft zu den Menschen.« Sie zog Menschen in ihren Bann. »Nach einer Weile«, sagt Helfer Frank Thomas, »wird man einfach eingespannt. Und man muss ihretwegen arbeiten, man muss ihre Arbeit fortsetzen.«

»The Factory of Plays«, steht auf einem Banner in der Mitte der Bühne neben Teilen von Schaufensterpuppen und einem metallenen Pavillon. Das Stück, das an diesem Abend vorgeführt wird, könnte nicht stärker im Kontrast zur ersten Aufführung stehen: Es ist die »Dreigroschenoper« von Bertolt Brecht, dem Erfinder des Verfremdungseffekts, der das Publikum während des Stücks immer wieder erinnern möchte, dass es nicht in einer fiktiven Welt, sondern in einem Theater sitzt. Doch so gesehen könnte dieses Stück nicht passender sein für einen Spielort, dessen Kulisse einen nicht so ganz in die Welt des Schauspiels abtauchen lässt. Immer wieder wandert der Blick über die Klippen in den Atlantik, der sich langsam dunkelgrau färbt.

Die Kulisse ist auch für die Schauspielerinnen und Darsteller eine Herausforderung. Diesen Theaterraum mit der Stimme zu füllen ist nicht leicht. »Das Dach ist riesig«, scherzt Schauspieler Benjamin Symnes, der hier schon Macbeth verkörpert hat, in einem Interview für das Theatermuseum. Dazu kommt das unstete Wetter. Selbst im milden und sonnigen Cornwall sorgt die umgrenzende See verlässlich für Wechselhaftigkeit. Craig Johnson, der ein Kasperltheater für Kinder anbietet, muss das Set fest verankern, die Seile an den vielen kleinen Verankerungsschlaufen des Minack festziehen, damit es nicht ins Wasser fällt.

Der Wind, der noch am Nachmittag stärker wehte, hat sich nun aber gelegt. Eine Mitarbeiterin deutet auf einen steinernen Sitz auf halber Höhe des Theaters. »As You Like It, 1962«, ist samt verschnörkelter Umrandung in die Sitzlehne eingraviert. Die Methode war Rowenas spezieller Touch: Sie ließ den Zement nur antrocknen und gravierte keltische Muster mit einem alten Schraubenzieher in die Rückenlehnen. Der Steinsitz ist hart und der

Winkel zwischen Sitzfläche und Lehne so eng, dass man leicht nach vorne gelehnt sitzen muss. Doch wohl noch ungewöhnlicher ist die Architektur für die Darsteller. Sie müssen den Kopf fast in den Nacken legen und senkrecht nach oben artikulieren.

Über den Lautsprecher macht eine Ansage auf den zeitnahen Beginn der Vorstellung aufmerksam. Dann marschieren die Schauspielerinnen und Schauspieler in Warnwesten über ihren Anzügen auf die Bühne. Sie blicken direkt ins Publikum.

Noch vor dem ersten Satz ist die Entscheidung gefallen: Man wird hierher zurückkehren. Einmal im Bann von Rowena Cade kommt man eben nicht mehr von ihr los.

Sie wirken im Verborgenen

Vom Ende der Insel ins Herz der Schmugglerbanden

Dort, wo die Straßen vom Hang rutschen, wo die letzten Biegungen am Hang entlangkriechen und der Wind peitscht, dort finden wir es: das Ende. Nicht nur dieses kleinen Reisebuchs, sondern auch der Insel. Der weite Parkplatz, auf den ich einrolle, lässt erahnen, welche Menschenmassen sich hier mitunter einfinden. Doch als ich an diesem Herbstnachmittag ankomme, ist er fast leer und ich kann somit bis ganz nach vorne fahren. Zu Fuß folge ich dem Pfad Richtung Steilküste. Die Promenade wirkt durch die Jahrmarkt- und Spielstände wie ein kitschiges Überbleibsel vergangener Sommer oder ist vielleicht nur an kühlen Herbsttagen unpassend. Ich passiere das wuchtige Land's End Hotel und Restaurant, das unbeeindruckt vom Zerren des Winds, vom Stürmen des Wetters an dieser exponierten Stelle liegt. Zielstrebig marschiere ich weiter und blicke mich auf dem betonierten Vorplatz suchend um. Aber da ist er ja: weiß, schmal und wettergegerbt, der vielleicht berühmteste Wegweiser Großbritanniens. Das Schild von Land's End, das einerseits auf das dreitausendeinhundertsiebenundvierzig Meilen (fünftausendvierundsechzig Kilometer) entfernte New York im Westen und andererseits dann auf das achthundertvierundsiebzig Meilen (eintausendsiebenundvierzig Kilometer) entfernte

John O'Groats am anderen Ende Großbritanniens in Schottland verweist. Der dritte Balken kann von der Fotofirma, die Entfernungen zu Tausenden Städten ausgerechnet hat, an die porträtierte Person angepasst werden.

Doch das Fototeam hat für heute zusammengepackt oder war vielleicht gar nicht da, und so ist es ruhig auf der Plattform und auf dem rauen Land, das sich dahinter erstreckt. Das dunkle Grün des Grases durchbrochen vom Grau der Steine fällt ruppig hinab, bis es sich mit dem Graublau des Meeres vermischt. Man glaubt, ewig zu sehen, und übersieht zu leicht die Schluchten, Kluften und Höhlen des unbelebten Landes, in dem sich die Schmuggler versteckten. Die Steine knirschen unter den Füßen, als ich weiterspaziere, den Blick auf den Horizont gerichtet, auf das Meer, das sich von hier in die endlose Weite erstreckt. Eine Weite, die – wenn man einmal die Isles of Scilly passiert hat – erst von der Küste Amerikas beendet wird. Ich atme tief ein und, fast seufzend, wieder aus.

Goodbye, England.

Hier könnte unsere Reise zu Ende sein, aber ganz ist sie das noch nicht. Denn einen Aspekt, der doch so maßgeblich für diese südwestliche Grafschaft ist, haben wir noch ausgespart. Und so geht es noch einmal zurück ins tiefe Landesinnere. Wie das Schmuggelgut, das von hier ins Land gebracht wurde. Denn auch wenn die Küsten von Devon ebenso beliebt waren und Schmuggel entlang der gesamten britischen Küste stattfand, wurde Cornwall mit seinen abgelegenen Stränden, seinen Nischen und Falten zum Schmugglerhafen; die Hälfte der illegalen Spirituosen wurde über diese Grafschaft ins Land gebracht. Doch zunächst wurden sie meist im nächsten Wirtshaus gelagert.

Gelächter und der Geruch von frittierten Speisen hängt in der Luft, als ich nach fünfzehnminütigem Fußmarsch durch die Holztür in jenes Gasthaus trete, das je nach Perspektive das letzte oder erste Gasthaus des Landes ist. Wer Richtung Land's End fährt, sieht auf dem Schild die Worte »Last Inn«; wer von Land's End kommt, fährt zum »First Inn«. Über der hölzernen Eingangstür ist der gesamte Name vereint: »The First & Last Inn«. Am Boden neben der Bar gibt eine Glasscheibe den Blick auf einen Tunnel frei, der einst von der Küste in den Keller führte. »Stimmt aber gar nicht«, verrät Barkeeper Mark, während er ein Glas Wein einschenkt. Es sei nur eine Attrappe. Aber das heiße nicht, fährt er gleich fort, dass dieses Gasthaus nicht voller Geheimnisse sei. Es soll nämlich sehr wohl einen Gang vom Keller in die Kirche gegeben haben. Schließlich war das ganze Dorf am Schmuggeln beteiligt. Allen voran die Frauen, verrät Mark. Sie führten Spirituosen zum Beispiel in ausgehöhlten Holzbibeln von einem Ort zum anderen.

Und dann gab es natürlich Ann Treeve, die furchtlose Wirtin des *inn*. Ann, erzählt Mark, führte das Wirtshaus mit ihrem Mann Joseph. Nachdem sie Wind davon bekamen, dass ihr Vermieter Dionysius Williams am Schmuggelhandel beteiligt war, sollen sie zunächst kostenlose Miete erpresst haben. Eine Zeit lang, so die Legende, beteiligten sie sich dann auch am illegalen Geschäft. Alles verlief reibungslos, bis Williams Ann und ihren Mann loswerden wollte. Das ließ sich Ann nicht gefallen. Sie verpfiff Williams, der lebenslang eingesperrt wurde, und auch andere Dorfbewohner, selbst ihren Schwager John. Nun hatten wiederum die Dorfbewohner genug. Aus Rache trieben sie Ann bei Ebbe ins Meer, banden sie an Fischernetze und warteten auf die Flut. Die Leiche der Wirtin wurde im ersten Stock, Mark deutet auf den Raum über sich, zum Trocknen aufgebahrt und in einem namenlosen Grab begraben. Seitdem würde sie hier ihr Unwesen treiben. Mark grinst und beginnt, einem Gast ein *pale ale* zu zapfen. Er weiß wohl um den Effekt der Anekdote. Ich nehme einen Schluck *ginger beer*. »Und?«, frage ich dann, »tut sie es? Ihr Unwesen treiben?« Mark sieht zur Seite. »Also ich glaube ja nicht an Geister«, stellt er klar, dann sieht er sich um, wie um sicherzugehen, dass ihn niemand hören kann, und beugt sich etwas vor. »Aber einmal, am Abend, als das *pub* schon ganz leer war und wir alle Stühle auf die Tische gestellt hatten, war da ein Klappern beim Kamin. Also bin ich hin. Und da stand ein Stuhl neben dem Tisch, ganz so, als hätte ihn jemand vom Tisch gehoben und umgedreht, um darauf zu sitzen. Aber niemand war mehr im *pub* außer mir. Er schüttelt den Kopf. »Wenn es ein Geist war, rede ich mir ein, dass es ein gutartiger war.« Er verstummt, räumt ein paar gebrauchte Gläser von der Theke. Aber vielleicht weiß er auch um den Effekt dieser Geschichte.

Um mehr über Ann Treeve und das kornische Schmugglerwesen herauszufinden, gibt es nur einen Ort. Und so geht es noch tiefer ins Land, die A30 zurück Richtung Exeter, bis wir zum Bodmin

Moor kommen, den dunklen Moorlandschaften am nördlichen Ende Cornwalls mit seinen skurrilen Gesteinsformationen und seiner gespenstischen Weite, in der man sich so leicht verlieren kann. »Das ist kein Ort für ein Mädchen«, lässt die britische Schriftstellerin Daphne du Maurier den besorgten Kutscher sagen, als Protagonistin Mary Yellan das Jamaica Inn als Ziel ihrer Reise verkündet. So heißt das Gasthaus nicht nur in ihrem gleichnamigen Buch von 1936, sondern auch in Wirklichkeit.

An einem trüben Novembertag 1930 war Daphne du Maurier mit einer Freundin zu einem Ausritt aufgebrochen. Das Wetter wechselte schlagartig, Nebel zog auf und die beiden verirrten sich. Als sie nicht weiterwussten, stiegen sie ab und ließen ihre Pferde den Weg suchen. Tatsächlich fanden die Tiere den Weg zurück in den Stall. Müde, nass und verzagt lernte Daphne nach dem Ausritt in der Bar des *inn* den Ortspfarrer kennen. Und seine Anekdoten über die zwielichtige Vergangenheit des Anwesens sollen sie zu dem Roman inspiriert haben, in dem die junge Mary Yellan nach dem Tod ihrer Mutter bei Tante Patience und Ehemann Joss Merlyn Unterschlupf sucht, nur um festzustellen, dass ihre Verwandten tief in Schmuggel und kriminelle Aktivitäten verstrickt sind.

Von der nahen Schnellstraße klingt das Dröhnen der Autos, als ich das Gasthaus bei Einbruch der Dämmerung erreiche. Der einäugige Pirat auf dem hohen Holzschild, das man bereits auf der Schnellstraße sieht, ist Lockruf und Warnung zugleich. »Durch dieses Portal gingen Schmuggler, Schurken und Ganoven, aber keine Sorge … es war vor vielen Jahren«, steht auf Englisch über der Holztür, durch die es links in die Bar und rechts in den Hotelbereich geht. Und an der Rezeption fällt der Blick auf die schwere Eisenkette, die laut Beschreibung in einen skrupellosen Mord verwickelt gewesen sei. Und in der Bar verweist ein Schild auf dem Boden auf jene Stelle, an der Joss Merlyn umgekommen sein soll. Das *inn* macht keinen Hehl aus seiner zwielichtigen Vergangenheit. Aber Dark Tourism ist begehrt und spielt im Südwesten Englands jährlich rund fünfundvierzig Millionen Euro ein. Seit du Mauriers Roman reisen immer mehr Geisterjäger an; auch *ITV* hat eine Folge der paranormalen Serie »Most Haunted« hier gedreht.

»Sicher?«, fragt der Barkeeper Samuel Tasker, bevor er ins hauseigene Schmuggelmuseum führt. »Muss ich mich denn fürchten?«, frage ich und Samuel dreht sich um. »Ein bisschen vielleicht.« Er grinst. »Aber Blödsinn, gar nicht.« Dann lässt er die Tür hinter sich ins Schloss fallen. Ist es Absicht, dass das Licht im Museum ausgerechnet dann ausgeht, als ich im Einführungsfilm von Geist Jack erfahre? Gäste des *inn*, lerne ich jedenfalls, würden ihn als dunkle Person auf der Steinmauer sitzend oder rund um das Gasthaus wahrnehmen. »Einmal«, wird mir Verkäuferin Anna Speed-Andrews später im Souvenirshop verraten, »hat jemand über Nacht ein Tonband in Zimmer elf laufen lassen.« Beim Abhören war eine unbekannte Stimme auf dem Tonband. »Jack«, soll die Person gesagt haben, »*Where are you?*« Besonders häufig, erfährt man im Museumsfilm noch, soll er Frauen mit Pferdeschwanz an den Haaren ziehen. Wirklich?

»Also Jack habe ich nicht gesehen«, sagt Barkeeper Samuel, als er ein Stamperl »Jamaica Inn«-Rum ausschenkt. Aber seltsame Dinge würden doch passieren. Gerade heute erst wieder. Eine Kellnerin habe ihn gerufen. Ein Bierkrug sei vom Balken über der Bar gefallen. Einfach so. Noch bevor sie ihm den Krug zeigen konnte, schrieb er ein Wort auf ein Stück Papier. Er kramt den Zettel nun aus seiner Hosentasche und reicht ihn mir. »Glasboden«, steht darauf. Tasker nimmt den Krug vom Balken über der Schank, dreht ihn um, sodass der Boden erkennbar ist: Er ist aus Glas. »Ich wusste, dass es dieser Krug war. Er fällt immer wieder von der Anrichte. Ich habe ihn sogar schon festgeklebt.« Der Barkeeper zeigt auf die Reste des blauen Klebestoffs. »Hat nicht geholfen. Er ist wieder runtergefallen.«

Auch Anna im Souvenirshop hat zwar Jack noch nie gesehen, aber seltsame Dinge habe sie dennoch erlebt. Einmal, erinnert sie sich, kam sie morgens in den Shop und alle Bleistifte lagen zerbrochen auf dem Boden. Dabei hatte sie selbst am Abend zuvor abgeschlossen und in der Zwischenzeit war niemand im Shop. »Ein anderes Mal waren in der Früh alle Kuscheltiere vom Regal gefegt.« Aber sie sind wohl runtergerutscht; die Bleistifte vielleicht blöd gefallen, versichert sie sich oder mir. Und der Glaskrug in der Bar? Möglicherweise eine Anekdote für neugierige Gäste.

Beim Lichtabdrehen im Hotelzimmer ist da aber doch ein mulmiges Gefühl. Die Augen werden fest zusammengepresst. Was, wenn doch jemand im Raum steht. Knarrt da eine Tür? Vielleicht das Nachbarzimmer. Ist da ein Stimmenraunen? Bestimmt ein Hotelgast. Ist da ein ungewöhnlicher Lufthauch? Vielleicht ist das Fenster nicht ganz zu.

Irgendwann kommt doch der Schlaf, und als die fahle Morgensonne durchs Fenster scheint, sind die besorgten Gedanken vergessen. Die anderen Gäste beim Frühstück wirken ebenfalls ausgeschlafen. Ein bisschen mischt sich beim Zusammenpacken Enttäuschung mit Erleichterung. Ein kleiner Grusel wäre spannend gewe… was ist das? Ein schriller Ton kommt blechern aus dem Laptop. Mit klopfendem Herzen hüpfe ich zum offenen Laptop auf dem Schreibtisch, aus dem einfach so ein Youtube-Video zu spielen begonnen hatte. Kann das …? Aber Blödsinn, bestimmt hat ein Video einfach im Hintergrund geladen und dann begonnen, abzuspielen. Geister können doch keine Laptops bedienen!

Als ich eine halbe Stunde später die Tasche in den Kofferraum hieve, kommt mir die Episode schon wieder albern vor. Und als ich die Schnellstraße A30 Richtung Nordosten entlangbrause, bin ich mir sicher, dass ich mir das alles nur eingebildet habe.

Ich öffne das Autofenster und atme die frische Herbstluft ein. Die Schnellstraße ist fast leer und ich scheine so viel schneller voranzukommen als auf dem Hinweg. Die Straßenschilder kündigen nunmehr bekannte Orte an: Okehampton, Dartmoor, Exeter. Und so mischt sich die Leichtigkeit des Vertrauten mit der Wehmut des Abschieds, als die Hügel Cornwalls langsam im Rückspiegel verschwinden.